시 읽기의 매혹

시 읽기의 매혹

김선태 시평집

문학들

책머리에

　지난 20여 년 동안 신문과 문예지에 썼던 시 읽기에 관한 글을 하나로 묶는다. 다시 읽어보니 1930년대부터 최근의 시에 이르기까지 그 시간과 공간의 폭이 넓다. 다만 한 가지 공통점이 있다면 이 책에 실린 시들이 모두가 필자의 마음에 들어 선택했으며, 그런 만큼 감동적이고 매혹적으로 읽었다는 점이다. 그러니까 객관성보다는 주관성이 강하다.

　이 책에 실린 시들을 편의상 둘로 나누었다. 제1부는 가볍게 산책하듯이 읽은 시들이고, 제2부는 배경지식이나 시인에 대한 소개까지 곁들여 좀 더 깊게 읽은 시들이다. 싣는 순서는 등단년도를 따랐다. 선택한 시인들도 문학사에 기록된 유명 시인부터 중앙 문단에서 소외된 재야의 시인까지를 모두 포함했다. 필자 또한 서울이 아닌 한반도의 끄트머리 항구 목포에 닻을 내리고 있기 때문이다. 시를 고름에 있어서 시인들의 허락을 일일이 구하지 못하였다. 이 자리를 빌려 양해를 구한다.

덧붙여, 이러한 책을 펴내는 일이 과연 무슨 의미가 있을지 주저하는 마음이 없지 않다. 한 가지 목적이 있다면 대학이나 외부 강의에서 한국 현대시를 읽고 분석하면서 적절한 교재의 필요성을 느꼈던 것은 사실이다. 이 책이 거기에 부합할 수 있기를 바란다. 그리고 갈수록 시와 독자의 거리가 멀어지는 시대에 이 책이 조금이나마 그 거리를 좁히는 안내서가 될 수 있다면 더 바랄 게 없겠다.

2023년 늦가을
김선태

차례

책머리에 ………………………………… 4

제1부

종소리 • 서정춘 ………………………………… 10
외로움이 미끼 • 김명인 ………………………… 12
별 • 김남주 ……………………………………… 14
茁浦마을 사람들 • 송수권 ……………………… 16
섬 하나가 몬딱 • 문충성 ………………………… 18
살아온 시간들이 떨린다 • 박노해 ……………… 20
나비 • 이진영 …………………………………… 22
속 빈 것들 • 공광규 ……………………………… 26
별 • 조승기 ……………………………………… 28
미친 교실 • 이봉환 ……………………………… 30
그리운 보해집 • 김정숙 ………………………… 32
무위사 돌부처 • 김경윤 ………………………… 34
사흘만 • 나희덕 ………………………………… 36
웃음 賻儀 • 조성국 ……………………………… 38
아줌마는 처녀의 미래 • 김왕노 ………………… 40
해남 가는 길 • 박병두 …………………………… 42

몸꽃 – 차근우 • 이종암 ········· 44
남도 • 이대흠 ········· 46
회고적인 • 문태준 ········· 48
관음소심 • 김영천 ········· 50
아름다운 수작 • 배한봉 ········· 52
그믐달 • 김미승 ········· 54
묘책 – 하멜 서신 • 신덕룡 ········· 56
누군가 골목을 건너갔다 • 마경덕 ········· 58
빨간색 영화제목 같기도 한 • 손수진 ········· 60
노을치마 • 유헌 ········· 62
찔레꽃 아버지 • 김경애 ········· 64
벗고 • 김성태 ········· 66
은퇴 • 김충경 ········· 68
홀로 자라는 대나무 • 명법 스님 ········· 70
다이어트 • 박금희 ········· 72

제2부

북 • 김영랑 ………………………………………… 76
M夫人의 追憶 – 이 노래를 永郎에게 드림 • 김현구 …… 78
빈약한 올페의 회상 • 최하림 …………………………… 82
직소포에 들다 • 천양희 ………………………………… 86
압해도 • 노향림 ………………………………………… 88
삶 • 이시영 ……………………………………………… 92
영혼의 눈 • 허형만 ……………………………………… 96
三千浦 • 김사인 ………………………………………… 98
영산포·1 • 나해철 ……………………………………… 102
해남에서 온 편지 • 이지엽 …………………………… 106
농업박물관 소식 – 분교에 봄 오다 • 이문재 ………… 110
비 • 이재무 …………………………………………… 114
나쁜 사랑 • 고재종 …………………………………… 118
둥근, 어머니의 두레밥상 • 정일근 …………………… 122
간통 • 문인수 ………………………………………… 126
여여하였다 • 양문규 ………………………………… 130
그 많던 귀신들은 다 어디로 갔을까 • 곽효환 ……… 134
부쳐 먹다 • 김선우 …………………………………… 138
꽃들은 상처자국에서 핀다 • 배용제 ………………… 142
투계 • 고성만 ………………………………………… 146
탐진강·26 – 곡비哭婢, 강 • 위선환 …………………… 150
킬러 • 박선우 ………………………………………… 152
응 • 김수형 …………………………………………… 156

제1부

종소리

서정춘

한 번을 울어서
여러 산 너머
가루가루 울어서
여러 산 너머
돌아오지 말아라
돌아오지 말아라
어디 거기 앉아서
둥근 괄호 열고
둥근 괄호 닫고
항아리 되어 있어라
종소리들아

☞ 단시의 대가인 서정춘의 「종소리」는 깊은 울림이 있다. 그것은 땡그랑 촐싹대는 교회당의 종소리가 아니라 지잉징 산자락을 구렁이처럼 타고 내려오는 산사의 범종 소리다. 그 소리는 중생의 이름을 부르는 부처님의 목소리다. 중생의 고통을 잠재우는 부처님의 나지막하고 그윽한 목소리다. 우리나라 범종은 소리에 깊은 울림을 주거나 둥글게 궁굴리기 위해 아래쪽에 항아리를 심는다. 김치를 곰삭히는 항아리처럼 소리를 곰삭힌다. 하고 싶은 말들을 오래 가두는 "괄호" 같다. 시도 마찬가지다. 깊은 울림과 은은한 향기를 지녀야 한다. 그렇게 푹 곰삭은 종소리 같은 시가 아니라면 세상에 내놓지 말라는 것이다. 한 번을 울어도 그렇게 울어야 한다는 것이다.

외로움이 미끼

김명인

바다가 너무 넓어서
한 칸 낚싯대로 건져 올릴 물고기 아예 없으리라
줄을 드리우자 이내 전해져온 이 어신은
저도 외톨이인 바닷속 나그네가
물 밖 외로움 먼저 알아차리고
미끼 덥석 물어준 것일까
낚싯대 쳐들자 찌를 통해 주고받았던 手談
툭 끊어져 버리고
미늘에 걸려온 것은 외가닥 수평선이다
외로움도 지나치면 해종일 바닷가에 서서
수평선에 이마 닿도록
나도 한 마리 마음 물고기 따라나서지만
드넓은 바다 들끓는 파도로도
더는 제 속내 펼쳐 보이지 말라고
자욱하게 저물고 있는, 저무는 바다
그 파랑 속속들이 헤매고 온 물고기 한 마리
한입에 덥석 나를 물어줄 때까지
나 아직도 바닷가에 낚시 드리우고 서 있다
어느새 바다만큼 자라 내 앞에서 맴도는
물고기 한 마리 마침내 나를 물고
저 어둠 한가운데 풀어 놓아줄 때까지
(…)

☞ 이 시의 제목은 시적 화자가 무엇 때문에 낚시하는지를 극명하게 보여준다. 그것은 한마디로 외로움을 달래기 위해서이다. 그렇다면 그 외로움은 어떤 외로움일까. 아마 인간이 지닌 근원적이고도 실존적인 외로움일 터이다. 그것을 해소하고자 충만한 외로움을 미끼로 달아 바다에 낚시를 드리우지만, 미늘에 걸려 나온 것은 물고기가 아니라 막막한 "외가닥 수평선"이다. "외로움"은 해소되지 않는다. 그래서 마음속의 물고기가 되어 바다의 "속내"를 들추려고 끊임없이 상상하고 교감을 나누려 하지만 바다는 끝내 보여주지 않는다. 그래도 저물도록 포기하지 않고 낚시를 드리우고 있다.

그렇다면 시적 화자가 끝끝내 낚아 올리고자 하는 실체는 무엇인가. 그것은 내가 바라는 물고기가 "나"를 물고 "어둠" 한가운데 자유로이 헤엄치도록 풀어주는 일이다. 달리 말해서 결국 '나' 자신을 낚는 일이라고 할 수 있다. 그러니까 김명인 시인이 바라는 낚시의 목적은 외로움을 달래는 데 있고, 그 고독한 응시를 통해 스스로를 성찰하고 발견하는 데 있다고 할 것이다. 이 시 이외에도 「바닷가의 장례」 등 그의 명시들이 모두가 낚시하다가 얻은 것들이니, 그는 나라 안에서 몇 안 되는 낚시꾼 시인임이 분명하다.

별

김남주

밤들어 세상은
온통 고요한데
그리워 못 잊어 홀로 잠 못 이뤄
불 밝혀 지새우는 것이 있다
사람들은 그것을 별이라 그런다
기약이라 소망이라 그런다
밤 깊어
가장 괴로울 때면
사람들은 저마다 별이 되어
어머니 어머니 부른다.

☞ 별은 무수하다. 육안으로 헤아릴 수 없다. 별은 밤에만 뜬다. 그러므로 그것은 상처받은 자, 마음이 어두운 자, 소중한 것을 잃어버린 자, 소망을 허공에 띄운 자, 고독한 자 등에게 잘 보인다. 밤이 깊을수록 별은 또렷하다. 그러므로 잠 못 드는 자에게 별빛은 가까운 이웃이고 유일한 대화의 상대이다. 사랑하는 사람과 별(別)하여 있는 자에게 별은 그리움으로 사무치는 대상이다. 그들은 서로가 눈물로 글썽이며 교신을 나눈다. 그러므로 지상에서 올려다보는 자와 천상에서 내려다보는 자는 서로가 서로에게 별이다. 또한 세상의 칼바람에 마음이 베인 자의 상처를 핥아주는 별, 그러므로 그것은 어머니다.

茁浦마을 사람들

송수권

　아 동헌마루를 우지끈 부수고 알상투를 끌어내어 수염을 꼬시르고 깨를 벗긴 채 볼기를 쳐 三門 밖으로 내쫓았더니 그래도 양반 때는 알았던지 옴팡진 씨암탉처럼 두 손으로 쇠불알을 끄숙드랑께. 활텃거리에서 작것 竹槍 끝에 안 걸렸드랑가. 뚝소리 내고 떨어졌당께. 옴마. 그란디 한 여편네가 엎어지드니만, 옴마. 이 작것. 이 작것. 우리 딸니미 잡아먹은 갓끈 달린 이 작것 하드니만 치마폭에다 싸들고 줄행랑을 쳤드랑께. 혀는 뽑혀도 말은 바로 허지만 말이여. 내가 그 달딴 녀석 아닌가 말이여. 알긋써. 이러더니란다.

　(…)

☞ 영락없는 판소리 가락을 연상케 하는 시다. 질펀한 전라도 토착방언으로 범벅이 된 사설이 그렇고, 해학과 풍자로 넘쳐나는 내용이 그렇고, 걸판지게 맺고 풀리는 가락이 또한 그렇다. 그대로 「동학가」라 이름 붙여 판소리로 공연해도 무방할 시다. 순수 우리말과 함께 송수권이 시에서 적극적으로 활용하고 있는 전라도 토착방언은 여유와 능침의 말가락을 형성한다. 송수권 스스로 설명한 바에 따르면, "판소리의 표준어는 전라도 말이다. 전라도 말은 타지방의 말 가락과 달리 여유와 능침의 말과 멋에서 정서가 우러나올 뿐만 아니라 그 리듬이 형성된다. 이것이 겨레의 핏줄에 스민 원형적 숨결이며 토속어의 구수한 맛과 은근한 멋이다."라고 했다.

전라도 토착방언을 부분적으로 시 속에 끌어들인 시인으로 김영랑과 서정주가 있지만, 이렇게 원형적인 맛과 멋 그리고 가락으로까지 제대로 구사한 시인은 송수권뿐이라고 생각한다. 이 시에 동원된 "꼬시르고", "깨를 벗긴", "옴팡진", "끄슥드랑깨", "작것", "걸렸드랑가", "떨어졌당깨", "옴마", "그란디", "여편네", "딸니미", "쳤드랑깨", "말이여", "알긋써" 등이 얼마나 원색적이고 능청스러우며 재미있는 맛과 멋과 가락을 형성하는가.

섬 하나가 몬딱

문충성

섬 하나가 몬딱 감옥이었주마씸
거넌가자 못하는 바당은 푸르당버청
보는 사람 가슴까지 시퍼렁 허게 만들엇쑤게
흐영헌 갈매기들 히영허거 날곡
눈치보멍 보말이영 깅이여 톨이영 매역이영
해당 먹엉 살아낫수게 총든
까매기들은 불타는 중산간
모을서 시커멍허게 날곡
숨도 제대로 못 쉬었주마씸
하늘님아 하늘님아 하늘님까지
누렁하게 무서웠주마씸 경해도
경정 살아낭 볼렛낭 아래서
꿩독새기 봉그곡
불탄 자리엔 고사리들 왕상허게 크곡
구랭이들 허물 벗는
석석한 보름에 눈이 시령 사월
보름 어디선가 자꼬 불어왕
연둣빛으로 꼬꾸라지곡 연둣빛으로
무싱거 마씸
자유가 어디 있었쑤강
섬 하나가 몬딱 죽음이었주마씸.

☞ 우리나라에서 제일 큰 섬인 제주도는 이념분쟁으로 인한 아픈 역사를 안고 있다. 4·3항쟁이 그것이다. 제주도 출신 시인 문충성의 시에는 바로 이 제주도의 아픈 역사가 제주도 방언으로 생생하게 담겨 있다. 제주 방언에 어두워 시어의 뜻을 온전히 따라가긴 어렵지만 그래도 대강의 문맥을 파악할 수 있다. 이 시는 "섬 하나가 몬딱 감옥이었주마씸"으로 시작하여, "섬 하나가 몬딱 죽음이었주마씸"으로 끝난다. 한마디로 4·3항쟁으로 인해 제주도 사람들은 몽땅 "감옥" 같은 자유가 없는 삶을 살았으며 또한 제주도가 몽땅 "죽음"의 현장이었음을 증언하는 내용이다. 참으로 이념이 총칼보다 더 무섭다는 말이 실감 난다.

살아온 시간들이 떨린다

박노해

아직도 내게 남아 있는 시간의 흔적들
진보라는 이름 속에 도사린 낡아빠진 껍질들이
이 새로운 공동체 앞에서 투명하게 떨린다

물방울 튕기듯 웃는 민이 친구들과 손잡고 걸으며
불의에 저항하고 부정하다가
그만 낡은 것들을 닮아버린 오, 우리를
너희는 너그러이 용서하라 용서하라 용서하라
상쾌한 깨어짐으로 내가 막 떨린다

☞ 박노해 시인은 저 80년대 이 땅의 '혁명'과 '노동'과 '진보'의 다른 이름이다. 그런 그가 출소 이후 새로운 세상으로 환하게 걸어 나오고 있다. 『창작과비평』 봄호에 실린 이 시는 나머지 아홉 편의 시들과 함께 그의 새로운 시적 출발의 떨림과 희망을 극명하게 보여준다. 낡은 시간을 빠져나온 그는 지금 "새로운 공동체" 앞에서 떨고 있다. 여기서 새로운 공동체란 "물방울 튕기듯" 투명한 감성과 발랄한 지성을 지닌 신세대를 지칭한다. 그 신세대 앞에서의 떨림은 공포가 아니라 반성을 뜻한다. 그 반성의 깊이를 "용서하라"는 말이 세 번이나 떠받치고 있다. "상쾌한 깨어짐"은 그러므로 상쾌한 깨달음으로 읽히는데, 그 깨달음이 비로소 새로운 희망을 탄생시킨다. 그 희망이야말로 낡은 껍질을 벗어던진 자기 갱신의 참 "진보"가 아니고 무엇인가. 상처 위에 피는 꽃은 눈부시다. 그 광휘로 봄이 자지러질 듯하다. 박노해는 신세대다.

나비

이진영

나비는
소리 없이 난다

천천히
서두르지 않고
꽃이 피듯
난다

나비는
아우성치지 않고
난다
살며시
제 빛깔로
제 상념으로

안으로
안으로
자기자신에게로만
한없이
깊어져 간다
자지러져 간다

저

熱中

그래서 하늘도
바람도
그들의 날개짓 하나
어쩌지
못
하는 것이다

☞ 이진영 시인은 다소 불운한 시인이다. 1986년 〈서울신문〉 신춘문예에 「수렵도, 혹은 겨울나기」로 등단한 이후 그 타고난 재주와는 달리 몸과 마음에 병을 얻어 약 10년 이상을 시와 별거하며 지내다가 새롭게 심신을 추스려 첫 시집 『수렵도』(1999)와 『퍽 환한 하늘』, 『아무도 너의 깊이를 모른다』를 내놓았다. 그 후로도 심리적·환경적 요인으로 심한 정신적 아픔과 고통을 겪어오다 출가하여 스님의 길로 접어들었다. 그리고는 정신병동에서의 체험을 기록한 시집 『그리운 173』(2021)을 펴낸 이후 활발한 활동을 펼치고 있다.

인용시 「나비」는 그의 오랜 침묵이 탄생시킨 새로운 시적 세계관의 표상으로 읽힌다. 화자의 시적 자세는 이 어지러운 혼돈과 속도의 시대에 "소리 없이", "천천히", "꽃이 피듯" 도가풍으로 나는 것이다. 그리하여 "자기 자신"이라는 꿀에 한없이 탐닉하는 모습을 보여준다. 그 집요한 성찰의 자세를 한마디로 압축한 표현이 "저/熱中"인데, 이 한마디는 또한 그의 시집 『수렵도』 전체를 떠받치는 중심축이다. 그의 "熱中"이 이제 빛을 발하기 시작했다.

속 빈 것들

공광규

아름다운 소리를 내는 것들은 다 속이 비어 있다

줄기에서 슬픈 숨소리가 흘러나와
피리를 만들어 불게 되었다는 갈대도 그렇고
시골 뒤란에 총총히 서 있는 댓바람소리도 그렇고
갓 김태곤 힐링프로그램에 들고 나와 켜는 해금과 대금도 그렇고
프란치스코 회관에서 회의 마치고 나오다가 정동 길거리에서 산 오카리나도 그렇고

나도 속 빈 놈이 되어야겠다
속 빈 것들과 놀아야겠다

☞ 흔히 '속이 비어 있다'는 말은 '내용이 부실하다', '철이 없다', '배가 고프다' 등 부정적인 뜻으로 먼저 읽히지만, '허심', '초탈', '무소유' 같은 긍정적인 이미지를 떠올리게도 한다. 어느 날 시인은 "아름다운 소리를 내는 것들은 다 속이 비어 있다"는 사실을 발견한다. "슬픈 숨소리가 흘러나"오는 "갈대"가 그렇고, "댓바람소리"를 내는 대나무가 그렇고, "해금과 대금"이 그렇고, "오카리나"도 그렇다. 그러고 보면 "속 빈 것들"은 모두가 "아름다운 소리를 내는" 악기라는 공통점을 갖고 있다. 사람이라고 무어 다르랴. 욕망을 버린 사람들, 마음을 깨끗이 비운 사람들도 악기일 터. 좋은 시를 써야 하는 시인은 더욱 그럴 터이다. 그래서 "나도 속 빈 놈이 되어야겠다/속 빈 것들과 놀아야겠다"며 그 지향점을 재설정하는 것이리라.

별

조승기

별이 반짝이는 것은
별이 울고 있기 때문이라고 한다
깜깜한 밤 한데로 나앉아
울고 있는 나를 우주 어디쯤에서
누가 바라보며 별이라 부른다
구석구석에 살고 있는 수많은 상처를
누가 바라보며 별이라 부른다

☞ 시인은 울음의 삶을 살고 있다. 늘 울음을 살고 있는 자의 눈에 비치는 모든 사물은 울고 있다. 심지어 웃는 것까지도 우는 것이다. 그래서 깜깜한 밤하늘의 별은 반짝이는 게 아니라 울고 있는 것이다. 그 별을 바라보는 나는 이내 별이 되어 있다. 그 별이 찬란하게 울고 있는 것은 유독 수많은 상처의 보석이 박혀 있기 때문이다. 나와 무한 우주의 거리로 이별해 있는 별, 나를 바라보며 별이라고 부르는 그 별은 진정 누구인가.

조승기 시인은 별의 시인이다. 그래서 사랑하는 아내와 뗘하여 두 딸과 살고 있는 그의 눈망울은 별빛처럼 맑다. 그의 별빛 같은 시들은 읽는 이의 가슴을 아프게 찌른다. 그러나 너무 울지 말기를 바란다. 잔인하지만, 오히려 그의 고통과 상처가 더욱 깊고 단단해져서 별빛처럼 형형하길 바란다. 상처는 시적 출구이다.

미친 교실

이봉환

"씨팔년아 뭐 어쩌라고, 어쩔건데?"
이어폰을 꽂은 학생이 욕을 하며 대든다.
여교사는 다리가 후들거려 교탁을 짚는다.
자식보다 어린 저 고딩 녀석을 어쩌랴.
참을 수 없는 수모를 견뎌내며 겨우겨우
"너 공부하러 왔어, 음악 들으러 왔어?"
라고 묻는 그녀 목소리가 캄캄하게 떨린다.
녀석은 교실 바닥에 침을 탁, 내뱉는다.
"뭐라고 하냐? 저 씨팔년이"라며 빈정거린다.
"당장 밖으로 나가!" 교사는 비명을 지른다.
본드 흡입처럼 흐리멍덩해진 눈을 쫙 찢으며
반 친구들을 휘, 둘러보고 난 학생은 말한다.
"애들아, 저년이 나보고 나가란다? 지가 나가지"

그녀는 절망마저 놓아버리고 그만 주저앉는다.

뿌연 형광등이 미친 교실을 가만히 내려다본다.

☞ 참으로 끔찍하다. 차마 믿기 어렵겠지만, 이것이 우리나라 학교 교실의 현주소다. "군사부일체", "스승의 그림자도 안 밟는다"던 선생의 위상은 땅바닥에 추락한 지 오래이다. "자식보다 어린" 학생 녀석이 어머니 같은 여교사에게 "씨팔년아" 쌍욕을 퍼붓는다. 심지어 교사의 멱살을 잡거나 흉기로 위협을 가하는 경우도 허다하다고 한다. 선생에게 이렇게 하는 녀석들이라면 제 부모에게도 마찬가지일 것이다. 한마디로 후레자식들이다. 이러니 선생질 못 해 먹겠다는 말이 여기저기서 터져 나온다. 그렇다고 학생들만 나무랄 수는 없다. 무엇이 이들을 이렇게 만들었나? 인성교육이나 적성교육을 내팽개치고 오로지 살벌한 경쟁만을 부추기는 입시 위주 교육이 그 주범일 터이다. 아, 이 나라 교육이 "절망마저 놓아버리고 그만 주저앉는다".

그리운 보해집

김정숙

그 술집은 맥주 양주보다 막걸리가
어울리던 작은 집, 아직도 그 목놓아
부르던 김민기와 양희은과 송창식의 노래가
막힌 가슴을 뚫고 나와 희망의 색종이를 흩뿌리고 있을까
70년대식 사랑과 80년대식 좌절과 희망이
쑥불로 지펴 오르는 여름밤 파수병처럼
내 가슴을 지켜주던 그 집, 내 그 집을 찾을 수 없네
길을 잃고 헤매임의 등짐을 지고
해질녘 어스름 속에서 어슬렁어슬렁
걷는 건지 떠도는 건지 내 그리운 그 집, 영영
나를 찾을 수 없다 하네

☞ "그리운 보해집"은 저 암울했던 70·80년대의 사랑법이 숨 쉬는 공간의 상징이다. 그 시간대를 통과한 사람이라면 누구든 가슴속에 보해집 하나씩을 추억처럼 간직하고 있을 터이다. 술병과 노래들이 난무하고, 희망과 좌절이 함께 뒤섞여 밤을 지새우던 그곳. 그러나 시인은 "내 가슴을 지켜주던 그 집, 내 그 집을 찾을 수 없네"라고 상실감을 토로하고 있음을 본다. 어느새 "길을 잃고 헤매임의 등짐을 지고" 세상살이의 황량한 벌판에 서 있는 "나"는 발견했기 때문이다. 그러므로 정체성을 잃어버린 슬픈 존재인 "나"는 보해집을 그리워할 수밖에. 안타깝지만 그것이 김정숙 시인의 현재이다.

무위사 돌부처

김경윤

어머니, 오늘 하루는 좀 쉬세요

해진 옷 주름진 얼굴이지만
여기 와서 뵈니 참 보기 좋네요

낮이면 산바람도 쐬고
밤이면 월출산 달구경도 하세요

지친 어머니 얼굴 여기서 다시 뵈니
눈물보다 먼저 반가움이 앞서네요

가부좌로 앉아 계신 우리 어머니

사십 년 행상길에 갈라진 발바닥
바셀린 바르고 비닐로 동여매어
양말도 제대로 못 신고
늘 누비보선에 절뚝이시던
어머니, 오늘 하루는 좀 쉬세요

말씀 없으셔도 어머니 살아온 세월
흰머리 주름진 얼굴에 가득하네요

금난가사 입지 않고 후광이 없어도

어머니 모습 참 거룩하네요

☞ 시인은 무위사 돌부처를 통해 어머니를 읽는다. 흔히 '부처' 하면 거룩하고 신성한 존재를 떠올리지만, 여기에서는 삶의 신산고초를 다 겪고 살아가는 우리네 어머니와 동급이다. 따라서 무위사 돌부처는 "해진 옷 주름진 얼굴", "사십 년 행상길에 갈라진 발바닥", "금난가사 입지 않고 후광이 없"는 전형적인 서민 혹은 민중의 화신이나 다름없다. 하긴 부처가 별것이랴. 득도하기 위해 심심산골에 처박혀 불경이나 읽는 그런 존재보다 자식을 위해 평생 제 한 몸 부서지도록 말없이 헌신하신 어머니야말로 진정으로 살아 있는 부처가 아니고 무엇이겠는가.

사흘만

나희덕

양쪽 무릎 뒤 연한 주름살 속에
내 귀가 달렸으면
그래서 귀뚜라미가 날개를 부벼서 내는
저 노래를 들을 수 있었으면
귀뚜라미를 들을 수 있었으면

꽃들을 맴돌며 절박하게 잉잉거리는
저 벌떼의 기도를 들을 수 있었으면
주문도 기도도 끌어올릴 수 없는 내 마음에
그 소리라도 들어왔으면

노래도 사랑도 낙과처럼 저문 가을날
과수원에 떨어진 사과 한 알을 들고
산누에나방처럼
두껍고 단단한 고치를 틀고 앉아
한 사흘만 지낼 수 있었으면

그 사흘의 어둠을
인간계의 삼십 년과 바꿀 수 있었으면
배고프면 잘 익은 쪽부터 사과를 베어 먹고
그렇게 사흘만 인간의 소리를 듣지 않을 수 있었으면
내 귀가 내 귀가 아니었으면

☞ 우리는 살면서 가끔씩 "내가 내가 아니기를", "지금 여기가 아닌 그 너머를" 열망하거나 꿈꿀 때가 있다. 자신의 한계를 깨닫거나, 삶이 비루하고 절망스럽기 때문이리라. 그러면서도 하루하루를 꾸역꾸역 살아간다. 아니 하루하루를 가까스로 견디고 있는지도 모른다. 시인은 그러한 갈증이 더욱 심한 존재들이다. "한 사흘만"이라도 귀뚜라미와 몸 바꿀 수 있기를, 벌떼의 기도를 들을 수 있기를, 산누에나방처럼 견고한 자기만의 방을 가질 수 있기를, 인간의 소리가 아닌 소리를 들을 수 있기를 바란다. 그 목소리가 섬세하고도 간절하다. 하지만 그게 어디 쉬운 일인가. 깨끗한 용기가 필요하기 때문이다. 그러나 괴로워하고 절망한다는 것 자체가 꿈꾸는 일이니만큼 전혀 불가능한 일만도 아니리라 생각한다. 적어도 나희덕 시인 아닌가.

웃음 賻儀

조성국

잘 익은 복숭앗빛같이 뺨 붉던
새침데기 고 계집애
초등학교 때부터 마음속에 들어와선
한 번도 빠져나간 적이 없는
고 계집애, 아비가 돌아가셨다
위친계 모임에서나 잠깐 엿들은 풋정의 얼굴이 떠오르자
조문 가는 길이 설레었다
몇십 년만큼의 애틋함이 콱 밀려와서는
영좌의 고인에게 절 올리면서도
힐끗힐끗 곁눈질로 훔쳐보던
일테면 내 꿍꿍이속을 알아차렸다는 듯
외동딸이던 그녀 대신 상주가 되어
나와 맞절한 남편이 피식 웃었다
신행 왔던 그의 발바닥을 매달아서
유달리도 직싸게 두들겨 팼던 것이
잠시 기억나서 덩달아 나도 피식 웃고
또 그걸 본 여자, 호야등 켠 곡을 잠시 멈추더니
은근슬쩍 뺨이 한층 붉어져 부리나케 모습을 감추자
상청 차일 속 어디선가 화투패 돌리다 말고
누런 뻐드렁니 들어낸 듯
키들거리는 떠들썩한 웃음소리가

참지 못하고 들려왔다

☞ 어린 시절 첫사랑은 누구에게나 아련하고도 애틋한 추억으로 맺혀 있다. 이룰 수 없어서 그 사랑은 더욱 아프고 아름답다. 그러나 "몇십 년" 만에, 그것도 "새침데기 고 계집애" 아비의 "영좌" 앞에서 마주친 해후는 그러한 아픔이나 회한 대신 오히려 웃음과 해학이 넘친다. 이것이 아픔이나 슬픔을 극복하는 치유의 방식이다. 또한 이 풍경이야말로 저 남녘 진도의 '다시래기'처럼 죽음을 슬픔으로만 받아들이지 않는 망자에 대한 진정한 예의이다. "새침데기 고 계집애"는 화자의 마음속에서 앞으로도 영원할 것이다.

아줌마는 처녀의 미래

김왕노

애초부터 아줌마는 처녀의 미래, 이건 처녀에게 폭력적인 것일까, 언어폭력일까. 내가 알던 처녀는 모두 아줌마로 갔다. 처녀가 알던 남자도 다 아저씨로 갔다. 하이힐 위에서 곡예하듯 가는 처녀도 아줌마라는 당당한 미래를 가졌다. 퍼질러 앉아 밥을 먹어도 아무도 나무라지 않는 아저씨를 재산목록에 넣고 다니는 아줌마, 곰탕을 보신탕을 끓여주고 보채는 아줌마, 뭔가 아는 아줌마, 경제권을 손에 넣은 아줌마, 멀리서 봐도 겁이 나는 아줌마, 이제 아줌마는 권력의 상징, 그 안에서 사육되는 남자의 나날은 즐겁다고 비명을 질러야 한다. 비상금을 숨기다가 들켜야 한다. 피어싱을 했던 날들을 접고 남자는 아줌마에게로 집결된다. 아줌마가 주는 얼차려를 받는다. 아줌마는 처녀의 미래란 말은 지독히 아름답고 권위적이다. 어쨌거나 아줌마는 세상 모든 처녀의 미래, 퍼스트레이디

☞ 이른바 "퍼스트레이디"의 시대다. 낡고 퍼진 몸뻬 같은 이미지를 떠올리던 "아줌마"라는 단어는 더 이상 "언어폭력"이 아니다. 당당한 "처녀의 미래"다. 아줌마는 "권력의 상징"이다. 아저씨 앞에서 눈치 보지 않고 맘껏 자태를 뽐내며, 무엇이든 당당하게 요구하며, 특히 경제권을 쥐고 흔든다. 아저씨는 아줌마에게 즐겁게 무릎을 꿇어야 한다. 이 시는 한마디로 남성 상위시대는 끝났다고 말한다. 그러나 화자의 목소리에는 왠지 쓸쓸함 같은 것이 묻어 있다. 상대적으로 초라한 우리 시대 아저씨들의 모습이 떠오른다. 김왕노 시인은 『말 달리자 아버지』라는 역동적인 시집을 펴낸 시인이 아니었던가.

해남 가는 길

박병두

해남은 해의 남쪽인가
해남 가는 길

푸르던 내 마음 붉은 꽃으로 피어난다.
아니면 바다의 남쪽인가
해남 가는 길

소금꽃 끝없이 피어나는 가슴
낙타등 같은 하루를 두드리며
해남 가는 길

발바닥에 물집 잡히듯 잡히는 그리움
해남 가는 길

가면 갈수록 끝없이 목마른 그 길

☞ 해남(군)은 남도에서 가장 넓고 농산물이 풍부한 곳이다. 예로부터 이곳에서 생산되는 고구마나 겨울 배추는 전국적으로 유명하다. 또한 시인이 많이 나기로 소문난 곳이기도 하다. 윤선도를 비롯한 이동주, 박성룡, 김준태, 윤금초, 김남주, 노향림, 고정희, 황지우, 이지엽 등 일일이 헤아릴 수 없을 정도로 많은 시인들이 해남 출신이다. 박병두 시인도 마찬가지다. 그는 수원에 살면서 다방면에서 활발한 활동을 펼치다가 근자에 고향 해남으로 내려와 땅끝에 궁전 같은 레지던스 '토문재'를 짓고 문인들을 위한 의욕적인 사업을 벌이고 있다.

그러나 박병두 시인에게 있어서 해남은 근원적인 "그리움"의 대상이긴 하되, 늘 행복했던 기억의 공간으로 자리하고 있는 것은 아닌 듯하다. 그래서 "붉은 꽃", "소금꽃", "낙타등"의 이미지가 시사하는 바 해남 가는 길은 "가면 갈수록 끝없이 목마른 그 길"이 된다. 하지만 이제 고향에 안착하였으니 그 목마름을 적시는 시원한 생명수가 샘솟길 바란다.

몸꽃
— 차근우

이종암

오어사 뒷마당 배배 뒤틀린 굵은 배롱나무
뇌성마비 1급 지체장애자
영호 형님 작은아들 차근우 같다
말도 몸도 자꾸 안으로 말려들어
겨우 한마디씩 내던지는 말과 몸짓으로
차가운 세상 길 뚫고 나가
뜨거운 꽃송이 활활 피워 올리는 나무
푸른 대나무가
온몸의 힘 끌어모아 겨우 만든 마디
촘촘한 마디의 힘으로 태풍을 견디듯
자꾸만 뒤틀리고 꺾이는 몸
서지도 걷지도 못하는 형극의 몸으로
수도 없이 들어 올린 역기로 다져진
팔뚝 근육, 차근우
시꺼먼 가슴 뜯어 길을 만들었다
부족한 몸뚱어리 빚고 또 빚어
제집 한 채 거뜬히 세운
세상 가장 뜨겁게 타오르는
몸꽃

☞ 무릇 꽃은 존재의 발현이다. 세상 모든 것들은 저마다 꽃을 피운다. 그 꽃이 화려하든, 소박하든, 초라하든 상관없이 안간힘으로 꽃을 피운다. 그런 의미에서 생명 있는 것들은 소중한 '다 꽃' 혹은 '다꽃'이다. 부처꽃과에 속하는 배롱나무꽃은 흔히 절간 앞에서 환하게 불을 밝히는 꽃이다. 손가락으로 간질이면 간지럼을 잘 탄다고 해서 속칭 간지럼 나무로 불리기도 하지만, 이종암의 시를 읽고 있으면 간지럼을 타는 것이 아니라 배배 뒤틀리며 뻗어나간 가지의 모양새가 그렇게 보일 수도 있음을 알겠다.

시인은 절간의 배롱나무에서 부처의 형상도 무엇도 아닌 천형을 안고 사는 한 중생을 떠올린다. "뇌성마비 1급 지체장애자/영호 형님 작은아들 차근우"가 그이다. 바로 그 순간 배롱나무는 여지없이 차근우와 한몸이 되고, 그 생김새는 고통스러운 삶의 역정이 된다. 게다가 없는 몸을 만들어 "제집 한 채 거뜬히 세"웠으니 차근우야말로 "세상 가장 뜨겁게 타오르는/몸꽃"이 아니고 무엇인가.

남도

이대흠

강물이 리을리을 흘러가네
술 취한 아버지 걸음처럼
흥얼거리는 육자배기 그 가락처럼

산이 산을
들이 들을
물이 물을

흐을르을 흐을르을

전라도에서 절라도까지
리흘리을 리흘리을
목숨 줄 감고 푸는 그 가락처럼

☞ 남도는 흐른다. 그것도 유성음으로 흐른다. 산도, 들도, 물도 'ㄴ', 'ㄹ', 'ㅁ', 'ㅇ' 같은 유성음을 데불고 노래하며 흐른다. 그 명칭인 '전라도' 혹은 '절라도'에서부터 이 흐름의 자질 혹은 노래의 자질은 어쩌면 운명적이다. 이 가락을 지닌 남도의 산하와 드넓고 질펀한 갯벌에서 그 유장하고 여유와 눙침이 넘치는 전라도말이, 참 오지게는 휘늘어지는 남도 가락이, 투박하되 인심이 넉넉한 남도인의 품성이 생겨났을 터. 이것들을 훤히 알아차리고 있는 이대흠 시인은 천상 남도시인이다.

"근디, 고 겁나게 쌔고 쌨던 남도의 시인들은 죄다 어디로 숨어부럿당가~잉?" 요즘 남도가 텅 비어 허전하고 쓸쓸하다.

회고적인

문태준

가령 사람들이 변을 보려 묻어둔 단지, 구더기들, 똥장군들.

그런 것들 옆에 퍼질러앉은 저 소 좀 봐,

배 쪽으로 느린 몸을 몰고 가면 되새김질로 살아나는 소리들.

쟁기질하는 소리, 흙들이 마른 몸을 뒤집는.

워, 워, 검은 터널을 빠져나오느라 주인이 길 끝에서 당기는 소리.

원통의 굴뚝에서 텅 빈 마당으로 밀물지는 쇠죽 연기.

그러나 不歸, 不歸! 시간은 사그라드는 잿더미에 묻어둔 감자 같은 것.

족제비가 낯선 자를 경계하는 빈, 빈집에 들어서면

녹슨 작두에 무언가 올리고 싶은, 도시 회고적인 저 소 좀 봐.

☞ "소"는 농촌을 고향으로 둔 자들의 뇌리에서 지울 수 없는 상징이며, 여기에선 시인의 자아가 투사된 동물이다. 또한 "소"는 "되새김질"을 숙명으로 타고난 반추의 동물이다. 그러므로 그것은 "도시 회고적인" 이 시인의 속성을 닮았다. 시인은 고향을 찾아가 하필이면 빈집의 더러운 것들 옆에 "퍼질러 앉은" 소를 본다(그것은 환영일 수도 있다). 되새김질하는 소의 모습에 시인의 마음이 겹치면서 온갖 기억들이 하나씩 되살아난다. "소"를 통해 고향의 기억들을 재구성하는 것이다. 그러나 그것은 기억을 현재화하는 일일 뿐 다시 그 시간 속으로 돌아갈 순 없다. 그 안타까움을 표현하는 말이 "不歸, 不歸!"라는 탄성이다. 그러나 한계를 잘 알면서도 "녹슨 작두에 무언가 올리고 싶은" 것이 이 시인의 현재 심정이다. 필자도 그렇다.

관음소심

김영천

요즈음 신세대 아이들이나 입을 수 있는,
제 몸피가 확연히 드러나는,
쫄티를 입고
꽃대는 벌써 두 뼘이나 뻗어 올랐습니다.
연분홍 꽃판을 살살 건드리면
탱탱히 일어설 분노.
아직은 무심한 듯 외면하면서도
끝내는 사랑하고 말 터이어서
책상 위로 옮겨놓고 내 詩를 삼습니다.
여겨보면
밤새 속 깊이 흐느껴 울고 나서야
혹은 제 꽃잎을 열기도 하련지요.

☞ 김영천은 목포의 시인이다. 목포에서 시를 쓰면서도 정작 목포 시단에 부정적인 시각을 버리지 못하고 있는 나에게 어느 날 그는 특별한 시인으로 다가왔다. 무심코 나는 그가 최근에 펴낸 『슬픔조차 희망입니다』라는 시집을 읽게 되었는데, 웬걸 그의 시는 편편이 무르익을 대로 익어 향기를 마구 풍기고 있지 않은가. 나는 목포에 이런 좋은 시인도 있었구나 새삼 놀라면서 세기만 더 갖춘다면 어디에 내놓아도 손색이 없을 듯싶었다.

「관음소심」은 그러한 그의 시적 역량을 엿볼 수 있는 시다. 그가 얼마나 내심 시에 대한 열정과 자존을 견지하고 있으며, 또한 좋은 시 세계를 열기 위해 어떻게 해야만 하는지를 보여주고 있다. 소심의 꽃대를 신세대 아이들의 쫄티 등으로 연결한 표현이 기발하고 재미있다. 비록 지금은 목포에 숨어 사는 시인이지만, 그의 속 깊은 울음이 능히 세 꽃잎을 열어젖힘은 물론 그 향기가 삼천 리 방방곡곡에 두루 퍼지길 바란다.

아름다운 수작

배한봉

봄비 그치자 햇살이 더 환하다
씀바귀 꽃잎 위에서
무당벌레 한 마리 슬금슬금 수작을 건다
둥글고 검은 무늬의 빨간 비단옷
이 멋쟁이 신사를 믿어도 될까
간짓간짓 꽃대 흔드는 저 촌색시
초록 치맛자락에
촉촉한 미풍 한 소절 싸안는 거 본다
그때 맺힌 물방울 하나가 떨어졌던가
잠시 꽃술이 떨렸던가
나 태어나기 전부터
수억 겁 싱싱한 사랑으로 살아왔을
생명들의 아름다운 수작
나는 오늘
그 햇살 그물에 걸려
황홀하게 까무러치는 세상 하나 본다

☞ 배한봉 시인은 '우주의 블랙홀'이라고 불리는 아름다운 우포늪의 지킴이자 한국의 생태 시인이다. 그는 날마다 우포늪을 찾아가 온갖 자연물이 펼치는 은밀한 "수작"을 찬찬히 읽어내어 우리에게 시로 전달하고 있다. 그것을 제대로 전달하기 위해서는 자연물의 행동을 사람과 똑같이 바라보는 의인화가 필수다. 그야말로 한껏 키를 낮춰 찬찬히 바라보지 않으면 잘 보이지 않는 세계이기 때문이다. 시적 화자가 "무당벌레 한 마리"(멋쟁이 신사)와 "씀바귀 꽃잎"(촌색시)이 벌이는 사랑을 "황홀하게 까무러치는 세상 하나"라고 경탄해 마지않는 것은 그 주변 자연물인 "봄비", "햇살", "미풍", "물방울" 들이 한통속으로 교감하기 때문이다. 그러고 보면 아무리 사소한 미물들의 수작도 허투루 있는 것이 아님을 알겠다.

그믐달

김미승

몇 탕째 우려냈는지
국물이 멀겋다 그녀가 삼킨
천 개의 달,
빛이 우련하다

엄마, 이제 그만 하세요 뭐 더 나올 게 있다구
뭔 소리여? 아직도 국물이 뽀얀디

그녀 생의 도가니에 둥둥
초승, 상현, 보름, 하현
骨骨 풀어내고는

진국 다 빠져나간
골다공증을 앓는 그녀의 시간들
아슴아슴
고독의 아홉 번째 파도를 타고 있다

제발, 그만 좀 하세요 엄마
제가 당신을 낳아 드릴게요

☞ 그믐달은 달로서는 거의 생명이 다한 달이다. 어두컴컴한 밤하늘에 있는 듯 없는 듯 떠 있는 달이다. 그래서 그 빛은 "멀겋다" 또는 "우련하다". 그믐달은 "초승, 상현, 보름, 하현"의 과정을 또는 세월을 다 풀어낸 달이다. 그러므로 가장 초탈한, 백발이 성성한, 늙디늙은 달이다. 그러므로 "엄마" 혹은 어머니는 달과 같다. "그믐달"과 같다. 그녀는 자식을 위해 자신의 생을 "몇 탕째 우려"내는, 그러고도 모자라 자신의 뼛속까지를 남김없이 우려내 자식에게 먹이는 어쩌면 천형의 존재이다. 그리하여 "진국이 다 빠져나간" 채 "골다공증을 앓는 그녀"에게 남은 것은 "骨骨"이라는 첩어이다. 의성어이자 의태어로 읽히는 이 첩어는 뼈만 남은 어머니의 형상과 뼈를 우려내는 소리 또는 늙은 몸의 기침 소리가 다양하게 스며 있다. 그러므로 마지막 연 "제발, 그만 좀 하세요 엄마/제가 당신을 낳아 드릴게요"라는 구절은 너무나 뼈아픈, 가슴을 치는 구절이다.

김미승 시인은 요즘 "블랙커피"(「이방인, 뫼르소로부터」)를 즐겨 마시며 "수렁 같은 깊은 잠을" 자는 모양이다. 고독의 단단한 울타리를 치기 위해서 말이다. 부디 고독에 지독한 쓴맛이 들어서 그믐달이 초승달을 낳아 그 빛이 칼날처럼 형형하길 바란다.

묘책
― 하멜 서신

신덕룡

저녁나절에 봄비가 왔다.

자자하니 비꽃들 피고

온 동네 길바닥들은 혀를 길게 빼물고 쩝쩝거렸다.

대책 없이 누워 있던

새카맣게 속이 타들어가던 어린모들도 겨우 눈을 떴다.

참는 김에 조금만 더 참으면

어디든 뿌리를 내리면 같은 하늘과 땅 아니겠나는

따뜻한 실낱같은 위로였다.

당분간 묘책이 없어도 좋겠다.

☞ '하멜'을 기억하시는가. 1653년 제주도에 표류한 이래 약 13년 동안 조선 땅에서 살다가 탈출하여 『하멜 표류기』를 쓴 네덜란드 사람 말이다. 그런데 그가 7년 동안 강진 병영성에 살던 기록을 토대로 한 시집이 최근에 나왔다. 『하멜서신』이다. 이는 당시 이국땅에서 억류 생활하던 하멜의 처지에 시인 자신의 쓸쓸하고 막막한 내면세계를 겹쳐서 보여주는 매우 희귀하고 감동적인 시집이다. 위의 시에도 그러한 처지와 내면 풍경이 잘 드러나 있다. "대책 없이 누워 있던" 대지가 "봄비"로 하여 "따뜻한 실낱같은 위로"가 되어 "묘책"을 잊게 한다. 특히 "자자하니 비꽃들 피고… 혀를 길게 빼물고 쩝쩝거렸다" 같은 감각적 표현들은 절로 경탄을 자아낸다.

누군가 골목을 건너갔다

마경덕

　움푹 파인 발자국이 골목을 걸어간다. 막 포장을 끝낸 질척한 골목을 오래전에 지나간, 발을 잃어버린 발자국. 딱딱한 콘크리트 발자국이 쉬지 않고 골목을 걸어간다. 구두가 운동화를 껴안고 큰 발이 작은 발을 업고 박성희 미용실, 월풀 빨래방, 현대 슈퍼를 돌아나간다. 사라진 발을 기억하는 발자국들. 빈 발자국을 따라갔다. 어느 날, 찾아온 사랑은 나를 딛고 가버렸다. 버거운 영혼이 가벼운 영혼을 밟고 저벅저벅 앞만 보고 걸어가버렸다.

　누군가 길에 마음을 빠뜨리고 한참을 찾으러 오지 않는다. 골목은 발자국 흉터를 가지고 있다.

☞ 발자국은 발의 자국이다. 누군가 걸어간 기억의 흔적이다. "누군가 골목을 건너"간 발자국은 정적이지만 동적이다. 발자국은 또 다른 발자국을 껴안거나 업고 "쉬지 않고 골목을 걸어간다"는 점에서 삶의 풍경과 역사를 거느린다. 그래서 발자국은 과거이지만 현재다. "사라진 발을 기억하는 발자국들"이기 때문이다. 이 시 속의 발자국이 그렇다. "어느 날, 찾아온 사랑은 나를 딛고 가버렸다". 그러나 발은 떠나갔어도 발자국은 여전히 내 마음속에 찍혀 있다. 낙인처럼 찍혀서 여전히 사라진 발을 고통스럽게 기억하고 있다. 사라진 발을 기억하는 발자국은 아프다. 그 발자국을 들여다보는 독자의 마음도 아프다.

빨간색 영화제목 같기도 한

손수진

나고 자란 섬 한번 벗어나보지 못한 사내가
큰맘 먹고 서울 나들이를 한 거라
젊은 며느리도 효도 한번 해볼 양으로
그럴싸한 한식집에 모셔 대접을 한 거라

상다리가 부러지게 차려진 밥상머리에
조개 같은 것이 붙었는데
누를 때마다
어디서 선녀 같은 여자가 나타나서
필요한 것은 무엇이든 들어주는 거라

햐! 요것 봐라

사내는 흑심이 생긴 거라
며느리 몰래, 슬쩍 떼어 주머니에 넣고서는
하루 더 묵어가라는 손을 뿌리치고
남쪽으로 가는 버스를 탄 거라

내려오는 내내 속주머니에 들어 있는
동그스름하고 납작한 그 물건을 만지작거리며
불콰한 노을 속으로, 끄덕끄덕
묵지근한 몸을 흔들고 있는 거라

☞ 현대판 '선녀와 나무꾼'을 떠올리게 하는 이 시는 읽는 이에게 웃음을 선사한다. 이상야릇한 제목이 그렇고, 그 제목에 걸맞은 에피소드가 그렇고, 에피소드를 풀어가는 화자의 능청스러운 말투가 또한 그렇다. 그러나 그 이면을 들여다보면 마냥 웃을 수만은 없는 시이다. 섬 "사내"가 "서울 나들이"를 하며 벌어지는 서사 구조 자체가 어쩌면 우리 시대의 슬픈 풍경화이기 때문이다. 그것은 고립과 단절의 상징인 '섬'과 문명의 한복판인 '도시'의 충돌이며, '전근대'와 '근대'의 충돌이며, '순수'와 '비순수'의 충돌이다. 그것을 어찌 사내의 무지와 착각으로 인한 해프닝이라고만 하겠는가.

노을치마

유헌

봉창에 달그림자 열브스레 차오르고
여유당 시린 눈빛 버선발로 서성일 때
상사련 구듭치는 강, 구강포 가슴 섞네

마재 너머 강진 땅 짭조름한 눈물걸음
촉초근한 눈시울은 한 쌍의 학이 되어
만덕산 된비알 넘고 두물머리 둥지트네

깁고 엮은 애틋한 정 신혼의 단꿈 어린
병든 아내 낡은 치마 초당에 전해지니
천 리 길 적시는 울음, 하피첩 되었다네

세월은 가량없어 붉은 천 바랬으나
귤동 마을 대숲마다 고샅고샅 어귀마다
노을빛 치맛자락에, 얼룩져 타는 속울음

☞ 사랑하는 마음이 깊으면 그리움의 긴 끈이 산을 넘고 강을 건너 천 리를 간다고 한다. 경기도 두물머리 마재와 전라도 강진은 다산 정약용의 유배로 하여 이웃사촌이 되었다. 다산의 유배 시절 부인 홍씨는 천 리 머나먼 적소의 님에게 그리움과 사랑의 징표로 붉은 치마 6폭을 보냈는데, 그에 대한 화답으로 그린 그림이 다산의 '하피첩'이다. 이 시에서 "마재"마을과 "귤동"마을의 산하는 "붉은 천"으로 하여 하나가 된다. 강진의 "노을"은 마재의 "붉은 치맛자락"과 조응하여 아름다운 "노을치마"를 펼친다. "열브스레", "구듭치는", "촉초근한", "된비알" 같은 시어들이 노을치마에 덤으로 얹혔다.

찔레꽃 아버지

김경애

느그 아부지는 학교 댕길 때
공부는 잘했다는디
할 줄 아는 것이 암껏도 없시야.
마늘, 양파 밭에 농약 치면서
아버지가 줄도 제대로 못 잡는다고
너무 화가 난 우리 엄마.
딸딸거리는 경운기 몰고 가면서
시동도 못 거는 양반이라고
자꾸만 아버지를 흉본다.
마늘 뽑다가도 '동물의 왕국' 본다며
찔레꽃 한 아름 꺾어 들고
집으로 들어가는 아버지를 두고
엄마는 원수, 사자, 속창시 없는 인간이라고
오후 햇살 아래 험담을 널어놓는다.
한동안 찔레꽃 향기로
가득해지는 우리 집 방 안
무담시 순해지는 엄마, 성명자 씨.

☞ 아픈 가족사가 종종 아름다운 추억의 한 페이지가 될 때가 있다. 시간이라는 강력한 치료제 때문이다. 따라서 과거의 풍경은 현재라는 시간의 행복한 포로가 된다. 이 시도 그렇다. 겉으로 보면 제대로 일(농사)도 못 하는 무능한 "아부지"와 그걸 흉보거나 타박하는 억척스런 "엄마"는 대립·갈등 관계에 놓여 있다. 이러한 부모의 불편한 관계는 어린 자식에게는 상처가 된다. 그러나 어른이 되었을 때 그 상처는 화해의 다른 이름이 된다. "속창시 없는" 아버지가 꺾어온 "찔레꽃"이라는 매개체 때문이다. 그 "향기"의 힘으로 집안 분위기가 바뀌고, 엄마는 "무담시 순해"진다. "찔레꽃 향기"는 지금도 화자의 마음속을 감도는 아버지의 은은한 향기이다.

벗고

김성태

뻐꼬 뻐꼬,
앞산 소나무 숲에서 뻐꾸기 운다
멀리 있는 짝에게 벗고 있음을 알리나보다
벗고의 간절한 소리 뻐꼬

다시 뻐꼬 뻐꼬 뻐꼬
애가 타는지 뻐꼬 뻐꼬 뻐꼬 뻑뽀꼬
잠시 후 다른 한 마리 소나무에 든다

바람이 지나가다 멈춘다
이슬 터는 소리 들린다
내 얼굴에 야릇한 미소 걸린다

☞ 뻐꾸기 울음소리 '뻐꼬'(의성어)를 '벗고(동사)'로 연결시켜 리비도적 상상력을 한껏 발산한 시다. 봄은 짝짓기의 계절이다. 뻐꾸기도 마찬가지다. 그러고 보면 뻐꾸기가 유독 봄에 울어대는 것은 슬프거나 심심해서가 아니라 짝짓기를 위해 님을 부르는 소리임을 이 시를 통해 알 수 있다. 따라서 1연의 "뻐꼬"는 모두가 암컷이 수컷(짝)을 부르는 울음소리이다. '벗고 있음'(사랑할 준비가 다 되었음)을 알리는 신호이다. 그래서 시인은 "벗고의 간절한 소리"가 곧 "뻐꼬"라고 말하고 있는 것이다. 참으로 그럴 듯하다. 2연은 암컷의 간절한 소리가 "뻐꼬"로는 모자라서인지 "뻑뻐꼬"까지 나아가자 드디어 "다른 한 마리"(이는 필시 수컷이다)가 그에 화답하는 모습을 보여준다. 이 시의 압권은 3연이다. 새로운 생명을 잉태하기 위해 암수가 사랑을 나누는 황홀하고도 성스러운 순간을 보여주기 때문이다. 이를 위해 "바람이 지나가다 멈"추고, "이슬 터는 소리"(절정에 이른 소리)까지 들린다. 이 얼마나 절묘한 표현인가. 그래서 이를 감지한 "내 얼굴에 야릇한 미소 걸"리는 것이니 온 우주가 함께 교감하는 물아일체 혹은 자연합일의 순간은 무릇 이를 두고 하는 말이다.

은퇴

김충경

밤새 눈이 내린다

세상과 단절되어 더욱 좋은 밤

밖에서 들려오는 나무대문 두드리는 소리

세상으로 나가는 길 끊긴 지 오래인데

누구일까?

눈 오는 소리 차곡차곡 마당에 쌓이는데

귀는 벌써 일어나 대문가에 앉아 있다

☞ 은퇴는 지금껏 살아온 생을 갈무리하고, 앞으로 살아갈 생을 준비하는 분기점이다. 사람은 누구나 오랫동안 길들여진 생활패턴을 내려놓았을 때 무력감과 단절감에 빠진다고 한다. 이 시는 그러한 상황에 처한 화자의 심경이 잘 드러나 있다. "밤새 눈이 내린다"는 구절에서 '눈'은 세상과의 단절감을 부추긴다. "세상으로 나가는 길 끊긴 지 오래"라는 인식이 그것이다. 그런데 이러한 상황에 대응하는 화자의 정서나 태도는 그러한 부정적 인식에서 벗어나 있다. 오히려 "세상과 단절되어 더욱 좋은 밤"이 된다. 게다가 "밖에서 들려오는 나무대문 두드리는 소리"가 들린다. "누구"인가 안에 있는 나를 밖으로 불러내는 것이다. 물론 이 현상은 환청이다. 따라서 모두 내 안에서 들려오는 소리이자, 스스로 밖으로 나아가고자 하는 열망의 소리이다. 그래서 "귀는 벌써 일어나 대문가에 앉아 있"는 것이다. 여기에서 은퇴를 대하는 시인의 태도나 각오가 매우 긍정적인 쪽으로 열려 있음을 읽을 수 있다. 은퇴 이후로도 세상과 단절하지 않고 더욱 적극적으로 활동하며 살겠다는 각오를 암시한 것이다. 아마도 그 활동의 중심에 시 쓰기가 놓여 있을 것이다.

홀로 자라는 대나무

명법 스님

홀로 자라는 대나무가 있었습니다. 그는 카세트테이프에 녹음된 소리를 듣고 자신의 정체성을 찾아 오죽이 되기로 결심했습니다. 아니 오죽은 아니지만 변신 중이니까 곧 그렇게 되겠지요. 어느 날 오죽헌에 가서 다른 오죽들을 만났습니다. 그리고 깨달았습니다. 자신이 원래 오죽이었다는 사실을. 오죽은 남의 눈에 잘 띄지도 않고 대가 굵거나 튼튼하지도 않습니다. 하지만 가늘고 속이 비어 더 잘 울린답니다. 오랫동안 갈망했던 것이 바로 제 속을 텅 비우는 일임을 이제야 깨닫게 되었어요. 언젠가 속이 텅 비워지면 영혼을 울리는 소리를 낼 수 있겠지요. 그 소리로 카세트테이프는 채워질 것입니다.

☞ 스님이 된 뒤에도 자신의 정체성과 역할에 대해 고민하던 명법 스님이 자신을 대나무와 카세트테이프로 비유(의인화, 은유화)해 고민을 해결해 나가는 과정에서 쓴 이른바 '스토리텔링시'이다. 이 스님은 자신의 비유인 대나무와 카세트테이프에 대해 진지하게 고민하면서 결국 대나무처럼 잘 비워져야만 더 깊게 잘 울리고, 그 소리를 담은 테이프가 되어 사람들에게 선한 영향을 주는 것이 자신의 정체성을 찾는 길임을 깨닫는다.

다이어트

박금희

낡은 침대와 쇼파를 내보낸 빈자리가
허전함을 밀어내고 오히려 넉넉하다

진리라는 것도
때가 되면 버려야 한다는 법문처럼
지금은 버려야 할 때

양손 가득 움켜쥔 군살처럼
몸에 붙어 자리 차지한 빵빵한 물욕을
빼고 보니 집이 홀쭉하다

켜켜이 쌓인 묵은 먼지를 털어내고
오래된 잡동사니들도 모두 갖다 버리니
소유를 감량한 곳에 숨통이 트인다

가부좌를 틀고 앉은 쇼파 눌린 자국에
침묵의 살이 뽀얗게 차올라 오히려

몸이 가볍다

☞ 낡은 살림살이를 버리는 경험은 누구에게나 있을 것이다. 그러나 이사를 할 때가 아니라면 실천하기가 그리 쉽지 않은 경험이다. 우리 주변에는 오래된 옷가지나 살림살이를 절대로 못 버리고 켜켜이 쌓아두기만 하는 사람들이 의외로 많다. 특히 유행이 지난 옷 같은 경우 재활용 가게에 기증이라도 하면 필요한 사람에게 도움이라도 될 텐데 그저 아까워 쌓아두기만 할 뿐 결국엔 입지도 않는다. 그러다 보니 집안 구석구석이 숨 쉴 틈 없이 빼곡하고 답답하다. 주로 가난하게 살아온 사람들에게서 자주 보이는 현상이다. 책도 마찬가지다. 읽지도 않을 거면서 산더미처럼 쌓아두니 발 디딜 틈이 없다. 그래서 필자도 연구실을 정리하면서 소장한 책의 절반을 내다 버린 적이 있다. 그랬더니 연구도 잘 되고 몸과 마음이 한결 깨끗해져서 글도 잘 써졌다. 그렇다. "진리라는 것도/때가 되면 버려야 한다"고 가르치는 불가의 법문처럼, 무소유를 실천하며 마음 부자로 살다 간 법정 스님처럼 "비우고" "버려야" 채우고 얻는다. 박금희 시인이 "낡은 침대와 쇼파를 내보낸" 경험을 통해 많은 것을 깨달아 얻고 있음을 알 수 있다. "빵빵한 물욕을/빼고 보니 집이 홀쭉"한 것처럼, 우리 몸도 살을 빼야 "가볍다"는 다이어트의 원리를 터득한 것이다.

제2부

북

김영랑

자네는 소리하게 내가 북을 치지.

진양조 중모리 중중모리
엇모리 잦아지다 휘몰아 봐.

이렇게 숨결이 꼭 맞아야만 이루어진 일이란
人生에 흔하지 않아 어려운 일 시원한 일.

소리를 떠나서야 북은 오직 가죽일 뿐
잘못 때리면 萬甲이도 숨을 고쳐 a쉴 수밖에.

長短을 친다는 말로는 부족하오
演唱을 살리는 伴奏 정도를 넘어서
북은 오히려 컨닥터요.

떠받드는 名鼓인데 잔가락을 온통 잊으오
떡궁! 動中靜이오 소란 속에 고요 있어
人生이 가을같이 익어가오.

자네는 소리 하게 내가 북을 치지.

☞ 〈동아일보〉 1946년 12월 10일자에 발표된 이 시는 영랑 시의 음악성이 어디에서 비롯되었는가를 잘 보여준다. 알다시피 영랑은 문학이 아니라 성악을 전공하려고 했던 사람이다. 비록 부친의 반대로 인해 문인의 길로 접어들었지만, 음악에 대한 그의 열정은 대단했던 것으로 보인다. 그 열정은 서양음악과 국악을 가리지 않았다. 당시 무슨 음악회가 열린다고 하면 강진에서 서울까지 발걸음을 마다하지 않았으며, 당대의 명창들인 임방울, 이화중선, 이중선 등을 사랑채로 불러들여 직접 소리를 듣기를 즐겼다. 더욱이 그는 웬만한 고수들도 혀를 내두를 정도로 북을 잘 치는 사람이었다.

따라서 이 시는 소리를 통해 인생의 깊은 맛을 깨달아가는 과정을 노래한 명편이 아닐 수 없다. 즉 진양조-중모리-중중모리-엇모리-휘모리로 이어지는 변화무쌍한 소리의 과정이 곧 인생의 과정이며, "소리"와 "북"의 절묘한 조화야말로 곧 소리의 완성임을 보여준다. 특히 어쩌면 조연에 불과할 듯한 "북"의 역할이야말로 오히려 "소리"를 성공으로 이끄는 "컨닥터"임을 강조하고 있다. 이른바 '촉기'(애이불비의 기름지고 촉촉한 기운)로 불리는 그의 시학도 소리를 통해 터득했으리라.

M夫人의 追憶
— 이 노래를 永郎에게 드림

김현구

숨긴 눈물 호려 낼 듯
잠긴 설움 불러낼 듯
실바람 호리호리
뒷산에 뻐꾹 울음

임의 버림 못내 설워
걸음걸음 맺힌 한숨
복사꽃 피던 봄날
눈물 씻고 가시더니

구곡간장 녹은 설움
아주 잊고 가셨는가
혀를 끊어 참는 마음
모질기도 하오신가

그대 생각 슬픈 언덕
복사꽃은 피었건만
눈물 어린 그 얼굴이
미칠 듯 그립건만.

☞ 김영랑(1903~1950) 시인과 김현구(1904~1950) 시인은 강진이 낳은 문학적 자랑이자 1930년대 시문학파 동인으로 활동했던 핵심 요원이다. 두 사람은 비슷한 시기에 강진읍의 같은 집안(김해 김씨로서 항렬상 영랑이 현구의 아저씨뻘)에서 태어나, 줄곧 고향을 지키며 시를 쓰다가, 같은 시기에 6·25의 참화로 세상을 뜬 운명적인 문학의 동반자였다. 그러나 김영랑이 한국을 대표하는 서정시인으로 문학사에 빛나는 이름을 남긴 반면, 김현구는 무욕적인 성격 등으로 인해 이름이 지워진 불운한 시인이기도 하다.

그런데 살아생전 두 분의 도타웠던 문학적 교류와 우정을 보여주는 한 편의 시가 있어 주목된다. 김현구가 사별한 첫 부인으로 인해 슬픔에 빠진 김영랑을 위로하기 위해 써서 바친 조시 「M夫人의 追憶」이 그것이다. 김영랑의 첫 부인 타계 직후 쓴 것으로 보이는 총 4연 16행의 이 시는 '눈물', '설움', '울음', '한숨', '슬픔', '그리움' 등 비극적인 시어 들이 총동원되어 비애미의 극치를 이루고 있다.

김영랑보다 두 살 위였던 첫 부인 김은하(영랑의 3남 김현철씨의 증언에 따르면 金銀河는 金銀草의 오기라고 한다)는 매우 아름다웠으나, 1918년 동남아 일원에 창궐한 호열자에 전염되어 결혼한 지 1년 만에 세상을 떠났다고 한다. 그때 김영랑은 15세의 아직 어린 소년이었으며, 결혼과 동시에 휘문의숙에 다니기 위해 생이별을 하고 상경했었기 때문에 아내와의 애정도 미처 싹트기 이전이었다. 따라서 당시 아내를 잃은 그의 슬픔은 대단히 컸으며, 그 슬픔은 시 속에서 비애의식의 근원이 된다.

그런데 필자는 이 시와 관련하여 지난 2002년 강진문화원에서 펴낸 『김현구 시 전집』에서 각주를 통해 본의 아니게 오류를 범한 적이 있다. 첫 부인을 애도한 시라면 제목에 붙은 이니셜이 왜 'K'가 아니고 'M'일까 하는 학문을 하는 자로서의 기본적으로 갖게 되는 의문 때문이었다. 그래서 「김현구 시 연구」라는 박사학위논문을 쓰던 당시 김현구의 차남인 김문배 씨를 찾아가 물어본 결과 "확실하진 않지만 아버지에게 들은 바로는 첫 부인이 아니라 영랑이 서울에서 만나 아들 하나까지를 두었던 어느 여인"이라는 이야기를 들을 수 있었다. 필자는 이상하다고 생각하였으나 확실하게 검증된 것이 아니어서 이를 본문에 넣지 않고 참고삼아 각주로 처리한 적이 있다(단, 본문 안에서는 첫 부인으로 일관되게 해석했음은 물론이다). 최근에야 유족 측으로부터 강력한 항의와 함께 "M부인은 첫 부인의 애칭"이라는 사실이 확실히 밝혀졌다. 그러나 비록 본문이 아니라 각주이기 하지만 검증되지 않은 일설로 유족들의 명예를 훼손하고 마음을 아프게 했다면 이 지면을 빌어 정중하게 사과드린다.

빈약한 올페의 회상

최하림

아아 무슨 근거로 물결을 출렁이며 아주 끝나거나 싸늘한 바다로
나아가고자 했을까 나아가고자 했을까
기계가 의식의 잠 속을 우는 허다한 허다한 항구여
내부에 쌓인 슬픔을 수없이 작별하며 흘러가는 나여
이 운무 속, 찢겨진 시신들이 걸린 침묵 아래서 나뭇잎처럼
토해 놓은 우리들은 오랜 붕괴의 부두를 내려가고
저 시간들, 배신들, 나무와 같이 심은 별
우리들의 소유인 이와 같은 것들이 육체의 격렬한 통로를 지나서
(…)
들어가라 들어가라 하체를 나부끼며
해안의 아이들이 무심히 선 바닷속으로

막막한 강안을 흘러와 쌓인 사아(死兒)의 장소. 몇 겹의 죽음.
장마철마다 떠내려 온, 노래를 잃어버린 신들의 항구를 지나서.

유리를 통과한 투명한 표류물 앞에서 교미기의 어류들이 듣는 파도소리
익사한 아이들의 꿈

기계가 창으로 모든 노래를 유괴해간 지금은 무엇이 남아 눈을 뜰까

……하체를 나부끼며 해안의 아이들이 무심히 선 바다 속에서.
(…)

☞ 최하림의 등단작 「빈약한 올페의 회상」은 1950~1960년대의 어둡고 절망적인 현실 상황을 바다를 통해 상징적으로 보여준다. 도처에 '절망'과 '죽음'의 이미지가 넘실거린다. "아주 끝나거나 싸늘한 바다", "기계가 의식의 잠 속을 우는 허다한 허다한 항구", "오랜 붕괴의 부두", "저 시간들, 배신들, 나무와 같이 심은 별", "노래를 잃어버린 신들의 항구", "기계가 창으로 모든 노래를 유괴해간 지금" 등과 같은 불안하고 절망적인 상황과 "찢겨진 시신들", "사아(死兒)의 장소", "몇 겹의 죽음", "익사한 아이들의 꿈" 등 죽음의 이미지가 그것이다.

이 시의 직접적인 배경은 가난한 문청 시절 최하림이 날마다 어슬렁거렸던 목포의 해안통 거리이다. 그러나 실제로는 처참한 골육상쟁의 현장을 목격해야 했던 6·25와 4·19 당시의 절망적인 정치 상황 그리고 산업화와 기계문명의 폐해 등을 상징적으로 반영한 것이라고 볼 수 있다. 따라서 최하림은 바다를 절망적인 현실 공간으로 인식하였으며, 절망과 죽음이라는 상징적 의미를 담아내고 있다.

직소포에 들다

천양희

폭포 소리가 산을 깨운다.
산꿩이 놀라 뛰어오르고 솔방울이 툭, 떨어진다.
다람쥐가 꼬리를 쳐드는데 오솔길이 몰래 환해진다.

와! 귀에 익은 명창의 판소리 완창이로구나.

관음산 정상이 바로 눈앞인데
이곳이 정상이란 생각이 든다.
피안이 이렇게 가깝다.
백색 淨土! 나는 늘 꿈꾸어왔다.

무소유로 날아간 무소새들
직소포의 하얀 물방울들, 환한 水宮을.

폭포 소리가 계곡을 일으킨다.
천둥소리 같은 우레 같은 기립박수 소리 같은……바위들이 몰래 흔들 한다.

하늘이 바로 눈앞인데
이곳이 무한천공이란 생각이 든다.
여기 와서 보니

피안이 이렇게 좋다.

나는 다시 배운다.
絶唱의 한 대목, 그의 완창을.

☞ 천양희 시인은 상처를 딛고 일어선 눈부신 생명의 꽃이다. 만약 그녀가 과거의 상처에 함몰되어버렸다면 지금의 천양희 시인과 시는 없었을 것이다. 그 상처를 가까스로 딛고 일어서는 결정적인 단계에서 새롭게 태어난 시가 「직소포에 들다」이다.

이 시는 천양희 시인의 산행이 폭포를 만나 자연의 비의를 읽어버린 절창으로 꼽힌다. 그것은 산과 폭포 소리와 인간이 한데 어우러진 장엄하고도 눈부신 생명의 교향악이다. 폭포 소리 하나가 산 전체를 흔들고, 인간의 마음 구석구석을 흔들어버리는 경이로운 언어의 경지 앞에 실로 감탄을 금할 수가 없다. "다람쥐가 꼬리를 쳐드는데 오솔길이 몰래 환해진다"든가, "바위들이 몰래 흔들 한다" 등의 구절은 접신(接神)의 경지가 아니고선 불가능한 표현들이다. 거기에는 과거의 어떠한 상처의 그늘도, 설익은 관념도 찾아볼 수가 없다. 그것들을 완전히 곰삭힌 세계, 완전한 자연합일의 경지다. 그가 가고 싶은 '내 넋으로 내가 살 수 있는 땅', 그녀가 꿈꾸는 "환한 水宮"의 세계가 바로 이것이다.

압해도

노향림

섬진강을 지나 영산강 지나서
가자 친구여
서해바다 그 푸른 꿈 지나
언제나 그리운 섬
압해도 압해도로 가자

가자 언제나 그리운
압해도로 가자
창밖엔 밤새도록 우리를 부르는
소리 친구여
바다가
몹시도 그리운 날은
하늘과 바다가 맞닿은 섬
압해도 압해도로 가자

가자 언제나 그리운
압해도로 가자

하이얀 뭉게구름
저 멀리 흐르고
외로움 짙어가면 친구여
바다 소나무 사잇길로 가자
우리보다 더 외로운 섬

압해도 압해도로 가자

가자 언제나 그리운
압해도로 가자

☞ 노향림은 해남 태생이지만 태어나자마자 장사를 하던 어머니를 따라 목포로 이주하였다. 그녀는 목포시 산정동 산기슭에 딱 한 채 남은 일인(日人)들의 '적산가옥'에서 가난한 유년기를 보냈다고 한다. 1940년대는 해방 혼란기와 더불어 먹고 살기에 너무 힘든 시절이었다. 식구들이 모두 나가 돈을 벌거나, 먹는 물이 부족해서 물을 길러 가거나, 오빠들이 학교 가면 혼자서 집을 지키기도 했다. 몸이 약해, 병은 이미 혼자 다 거쳤다. 유행병이 창궐하던 어린 시절 장티푸스·복막염을 앓고 집에서 거의 누워 보냈다고 한다. 병들고 쓸쓸한 유년이었지만, 산기슭을 거쳐 바라다보이는 앞바다에 떠 있는 섬 압해도가 무한한 위로가 되었다. 결국 그 섬과 혼자서 많은 대화를 나눈 셈인데, 이유는 대낮의 정적이 어린 마음에 무섭고 싫어서였다고 한다. 결국 그녀는 압해도 연작시를 100여 편이나 남겼다.

위의 시에서 서해바다는 '푸른 꿈'으로, 압해도를 '그리운 섬'으로 인식하고 있다. 그 이유는 압해도라는 공간이 '언제나' 시인의 기억 속에서 그리움으로 물결치고 있기 때문이다. 압해도는 '언제나 그리운 섬', '하늘과 맞닿은 섬', '우리보다 더 외로운 섬'으로 자리하고 있다. 그러나 지금의 압해도는 더 이상 섬이 아니다. 신안군청 소재지인 데다가 다리를 통해 목포·무안과 연륙되었기 때문이다.

삶

이시영

모진 겨울 넘기고 나왔구나
서울역 앞 몸에 좋은 약초 파는
할아버지
그 사이 공순하던 허리가 땅에 더
가까워지셨구나

☞ 이 시는 외형상 5행에 불과한 짧은 시다. 어려운 시어나 표현도 찾아볼 수 없다. 언뜻 보면 단순한 풍경을 스케치한 시 같다. 그러나 찬,찬,히 읽어 보면 행간마다 참으로 길고 긴 서사가 압축되어 있음을 알 수 있다(그래서 그의 짧은 시들은 깊은 주의를 기울여 읽어야 한다). 어쩌면 제목이 시사하는 바처럼 '삶' 전체를 다 함축하고 있다고 해도 과언이 아니다. 시인은 언뜻 스쳐 지나가는 짧은 풍경을 통해 가장 광범위하고 무거운 주제인 '삶'의 의미와 자연의 법칙을 간파해버린 것이다. 시작법으로 말하면 '관찰'(통찰)을 통한 '발견'(의미부여)의 원리라고 할 수 있다.

이 시의 묘미는 대비 구도에 있다. 먼저 '서울역 앞'과 '시골'이라는 공간 구도이다. 전자는 도시 그러니까 현대문명의 한복판이라고 할 수 있고, 직접 제시되어 있지는 않지만 후자는 "할아버지"가 사시는 농촌 그러니까 도시에 밀려 퇴락했지만 자연 쪽에 가까운 곳이라고 할 수 있다. 또한 후자는 그래도 공동체 정서가 남아 있는 곳임에 반해 전자는 살벌한 개인주의가 판을 치는 곳이라고 할 수 있다. 그런데 흥미로운 것은 시골에 사는 "할아버지"가 도시에 사는 사람들을 상대로 "약초"를 팔고 있다는 점이다. 이는 도시에 사는 사람들의 몸과 마음이 쇠약하거나 병들어 있음을 시사한다. 따라서 도시문명의 폐해를 간접적으로 드러낸 것이라고 볼 수도 있다.

다음으로, "할아버지"와 "약초"의 대비 구도를 통한 자연의 순환원리 혹은 삶의 법칙에 대한 인식의 발견이다. 물론 할아버지나 약초는 둘 다 자연의 일부이다. 그러나 이 시에서 할아버지는 늙은 사람이지만 약초는 "겨울을 넘기고 나왔"으니 새싹에 해당한다. 사람으로 치면 어린아이라고 해도 좋다. 그런데 할아버지가 도시에 사는 사람들에게 싱싱한 생명을 전해주는 대신 정작 자신은 죽음에 가까워진다는 부분이다. 따라서 "그 사이 공순하던 허리가 땅에 더/가까워지셨구나"는 이 시의 압권에 해당하는 구절로서 할아버지의 이타적인 삶과 함께 자연의 순환원리에 대한 인식을 여실히 보여준다. 자연은 끝없이 순환한다는 것, 생사가 같은 의미라는 것, 늙은이와 어린이가 친구라는 것 등이 그것이다. 우리 조상들이 사람이 사망하면 '죽었다'고 하지 않고 '돌아가셨다'라고 하였듯이 세월의 무게가 얹힌 할아버지의 허리도 점점 구부러져 원래 태어난 땅으로 돌아가는 것이다.

한마디로 이 시는 무심코 지나쳐버릴 수 있는 일상의 풍경을 통해 삶의 정곡을 찌른 시이다. 이처럼 이시영의 시는 이순을 넘기면서부터 연륜에 걸맞게 삶에 대한 깊은 인식을 보여준다. 그것도 최대한 말을 아끼는 방식으로 보여준다. 이것이 우리가 기나긴 소란의 시대를 통과하면서 그의 짧은 시에 매료되는 이유가 아니겠는가.

영혼의 눈

허형만

이탈리아 맹인가수의 노래를 듣는다. 눈먼 가수는 소리로 느티나무 속잎 틔우는 봄비를 보고 미세하게 가라앉는 꽃그늘도 본다. 바람 가는 길을 느리게 따라가거나 푸른 별들이 쉬어가는 샘가에서 생의 긴 그림자를 내려놓기도 한다. 그의 소리는 우주의 흙냄새와 물 냄새를 뿜어낸다. 은방울꽃 하얀 종을 울린다. 붉은점모시나비 기린초 꿀을 빨게 한다. 금강소나무 껍질을 더욱 붉게 한다. 아찔하다. 영혼의 눈으로 밝음을 이기는 힘! 저 반짝이는 눈망울 앞에 소리 앞에 나는 도저히 눈을 뜰 수가 없다.

☞ 이탈리아 맹인가수 안드레아 보첼리의 노래를 듣고 쓴 것으로 판단되는 이 시는 허형만 시인의 시 전체를 통틀어 감각적인 형상화가 가장 뛰어난 작품으로 꼽을 수 있다. 시각이 점멸된 "눈먼 가수"는 "소리"로 "본다". "영혼의 눈으로 밝음을 이기는 힘!"을 지니고 있기 때문이다. 그리하여 "느티나무 속잎 띄우는 봄비"와 "미세하게 가라앉는 꽃그늘"을 보는가 하면, "우주의 흙냄새와 물 냄새를 뿜어"내고, "은방울꽃 하얀 종을 울"리는 등 우주의 만물과 교감을 한다. 그 놀라운 "소리"의 힘에 압도당한 느낌을 "아찔하다"고 표현하고 있다. 그러므로 소리 속에 감추어져 있는 "반짝이는 눈망울" 앞에 "나는 도저히 눈을 뜰 수가 없"는 것이다.

그런데 맹인가수의 노래도 노래이지만, 그보다도 주목할 것은 그 노래의 결을 읽어내고 해석하는 시인의 뛰어난 감각이다. 물론 이는 맹인가수의 노랫소리가 그만큼 듣는 시인을 감동시켰기에 가능한 일이다. 그렇다고 해서 그 노랫소리의 미세한 결을 아무나 따라갈 수는 없는 일이다. 그런데 시인은 소리의 결을 섬세한 감각으로 형상화해놓고 있다. 이는 시인이 그만큼 예민한 감각의 촉수를 지니고 있음을 뜻한다. 허형만 시인의 시적 감각이 이순을 넘어서면서부터 깊이와 넓이를 획득했다는 증거다.

三千浦

김사인

담배 문 손등에 비가 시리고 말이지.

먼 갯가로 시집간 딸아이 있어 그 등에도 찬비는 떨어지겠고 말이지.

웅크린 쉐타 팔짱 너머, 널어놓은 가재미 도다리 들이나 멀거니 내다보겠는데 말이지.

터럭도 사나운 다리를 숭숭 걷골랑, 土手질 간 사내는

제 지집 우흐로 기어올라 용을 쓰던 그 딴딴한 아랫배며 장딴지로 말이지.

찌거덕 찌거덕 재 너머 흙 반죽이나 밟아쌌겠네.

비는 그새 굵어지는데 말이지.

☞ 일제 강점기에 고향상실을 운명적으로 체험했던 시인 백석은 여러 지방을 떠돌며 많은 기행시편을 남겼다. 그는 가는 곳마다 그곳의 독특한 토착정서와 풍물을 정감 어린 언어로 표현함으로써 당대의 원초적 삶의 리얼리티를 충실히 구현했다. 그의 기행은 길을 가다가 마주치는 자연 풍광을 그냥 건너다보는 것이 아니라 제 나름의 풍물과 습속으로 살아가는 사람들을 만나는 일이었다. 그것은 스스로의 정체성에 대한 재구인 동시에 자신의 내면으로 되돌아가는 시의 상징이기도 했다. 특히 그는 젊은 시절 마음을 사로잡은 '란'이라는 여인이 살았던 통영을 비롯한 삼천포, 고성 등 경남 남해안 일대를 기행하며 연작 「남행시초」를 남기기도 했다.

김사인의 「삼천포」는 백석의 「남행시초」를 연상시킨다. 모르긴 몰라도 백석 시인처럼 삼천포 일대를 느긋하게 여행하다가 쓴 시임이 분명하다. "가재미 도다리들"이 널려 있는 포구의 풍경이 그렇고, 사투리나 옛말을 적절히 섞어 우리말의 정감을 한껏 살린 말맛이 그렇고, 4음보를 늘였다 줄였다 하며 낭창낭창 흘러가는 산문율이 또한 그렇다.

이 시의 초점은 "터럭도 사나운 다리를" 가진 50대 혹은 60대가량의 "사내"의 표정과 행동에 맞추어져 있다. 다시 말해 비 오는 날 "土手"(미장이)로 짐작되는 한 삼천포 사내의 측은한 하루를 그리고 있다. 그런데 시적 화자가 옆에서 직접 눈으로 관찰하며 묘사했다기보다 어디까지나 거리를 두고 상상을 통해 예측하듯 묘사함으로써 객관적 시선을 확보하고 있다. 이는 "떨어지겠고", "내다보겠는데", "밟아쌌겠네"에서의 '-겠'이나 '-겄'이 그 증거이다.

그런데 앞에서도 말한 바처럼, 이 시가 독자들의 시선을 사로잡는 매력은 그러한 내용보다 말맛에 있다. 마치 옆 사람에게 이야기를 들려주듯 내뱉는 서술형 어미 "말이지"의 반복과 토착 정서를 자아내는 "갯가", "터럭", "걷골랑", "지집", "-쌌겄네" 같은 사투리 그리고 지금은 잘 사용하지도 않는 옛말 "우흐로", "찌거덕 찌거덕" 같은 의성어 등을 적절히 구사하여 독특한 말맛을 살려낸 점이 그것이다. 게다가 느긋한 한량의식까지 내비친다.

이렇듯 김사인의 시는 「뿌뚜막에 쪼그려 수제비 뜨는 나 어린 처녀의 외간 남자가 되어」 등에서도 이미 싹을 보였듯이 느긋하고 능청스럽기까지 한 말맛으로 바쁘고 복잡한 현실의 한복판을 살짝 비껴나 어디 옴팍진 곳에 퍼질러 앉아 술이나 마시는 옛 한량을 떠올리게 한다. 혹자는 포스트모던한 최첨단 문명의 시대에, 또 거기에 걸맞은 아방가르드 풍의 시들이 판치는 세상에 그렇게 낡고 시대착오적인 시를 써서 어쩌자는 것이냐고 비판할지도 모르겠다. 하지만 바로 그러한 시대이니까 오히려 이런 시도 필요하다면 어쩌겠는가, 포스트모던한 시가 별것인가, 바로 이러한 시가 역설적으로 포스트모던할 수도 있지 않겠는가 라는 반문을 던지고 싶다. 벌써 수십 년 전에 발표된 백석의 시가 아직도 여전히 우리 정서의 밑바닥을 건드리며 수많은 시인들을 매혹시키는 힘이 어디에 있는지, 무엇 때문인지를 다시 한번 곰곰이 생각해볼 때이다. "오지가 미래다"라는 말처럼 말이다.

영산포 · 1

나해철

　배가 들어/멸치젓 향내에/邑內의 바람이 달디 달 때/누님은 榮山浦를 떠나며/울었다.

　가난은 강물 곁에 누워/늘 같이 흐르고/개나리꽃처럼 여윈 누님과 나는/청무우를 먹으며/강둑에 잡풀로 넘어지곤 했지.

　빈손의 설움 속에/어머니는 묻히시고/열여섯 나이로/토종개처럼 열심이던 누님은/湖南線을 오르며 울었다.

　강물이 되는 숨죽인 슬픔/강으로 오는 눈물의 소금기는 쌓여/江深을 높이고/항시리 젓배는 곧 들지 않았다.

　浦口가 막히고부터/누님은 입술과 살을 팔았을까/천한 몸의 아픔, 그 부끄럽지 않는 죄가/그리운 고향, 꿈의 下行線을 막았을까/누님은 오지 않았다/잔칫날도 큰 집의 제삿날도/누님 이야기를 꺼내는 사람은 없었다.

　들은 비워지고/강은 바람으로 들어찰 때/갈꽃이 쓰러진 젖은 窓의/얼굴이었지/十年 歲月에 살며시 아버님을 뵙고/오래도록 소리 죽일 때/누님은 그냥 강물로 흐르는 것/같았지.

  버려진 船艙을 바라보며/누님은/남자와 살다가 그만 멀어졌다고/말했지.

  갈꽃이 쓰러진 얼굴로/榮山江을 걷다가 누님은/어둠에 그냥 강물이 되었지,/강물이 되어 湖南線을 오르며/파도처럼 산불처럼/흐느끼며 울었지.

* '/' 표시, 필자.

☞ 모두 10편으로 이루어진 연작시 「영산포」는 나해철 시인의 등단작이자 대표작이다. 이 연작시는 이후 그를 '영산포 시인' 혹은 '영산강 시인'으로 각인시켰다. 첫 시집 『무등에 올라』(창비, 1984)에 실려 있는 이 시는 시인 자신의 가족사를 통해 영산강 주변의 민중들, 더 나아가 당대의 모든 민중들의 삶과 애환을 대변하고 있다. 일제시대 때부터 수탈의 현장으로서 '영산포'는 민족의 고통스런 삶의 공간이며, 애환이 서린 공간이다. 나해철은 자신의 고향 영산포에서 나고 자란 기억을 바탕으로 가족사를 담담히 진술함으로써 민중의 애환을 서정적으로 표출해내고 있다. 1960년대 산업화로 인해 영암, 장흥, 강진, 완도, 진도, 목포 등의 젊은이들이 서울로 떠나가는 호남교통의 요지 '영산포'는 이별의 공간이자 민중의 애환이 서린 현장이었다. 나해철은 시적인 기교보다는 리얼리즘에 바탕을 둔 시적 진술로 민중의 애환을 서정적으로 표현함으로써 생동감 있는 영산강 유역의 역사를 그려내고 있다.

"빈손의 설움 속에/어머니는 묻히시고/열여섯 나이로/토종 개처럼 열심이던 누님은/호남선을 오르며 울었다."는 구절을 통해 1960년대~1970년대 빈촌에서 어머니가 임종을 맞이함에 따라 고향을 찾아와 어머니를 땅에 묻고 "열여섯 나이"로 타향살이를 해야만 했던 누이의 아픔을 진술하고 있다. 여기서 "누이"는 시인 자신의 누이뿐만이 아니라 산업화 시대를 맞아 무너져가는 우리 농촌의 모든 누이를 가리킨다. 따라서 시인의 가족사는 보편성으로 확대된다.

영산포의 향토사도 민족사로 대체될 수 있다. 다시 말해서 신화와 원형을 역사적인 측면으로 해석할 때 한 가정의 가족사는 한 가족의 애환이 아니라 한 지역의 역사와 민족사를 대변한다는 뜻이다. 이런 맥락에서 볼 때 연작시 「영산포」는 영산강 유역의 문화를 배경으로 한 전라도 민중의 애환과 당대의 모든 민중의 애환을 대변하는 것이어서 공감도가 크다고 하겠다. 한마디로 「영산포」는 1960~1970년대 산업화 시대의 영산포라는 시간적·공간적 배경으로 한 한 편의 영화 같은 시라고 할 수 있을 것이다.

해남에서 온 편지

이지엽

아홉배미 길 질컥질컥해서
오늘도 삭신 꾹꾹 쑤신다

 아가 서울 가는 인편에 쌀 쪼깐 부친다 비민하
것냐만 그래도 잘 챙겨묵거라 아이엠에픈가 뭔가
가 징허긴 징헌갑다 느그 오래비도 존화로만 기
별 딸랑하고 지난 설에도 안와부럿다 애비가 알
믄 배락을 칠 것인디 그 냥반 까무잡잡하던 낯짝
도 인자는 가뭇가뭇하다 나도 얼릉 따라 나서야
것는디 모진 것이 목숨이라 이도저도 못하고 그
러냐 안.

 쑥 한 바구리 캐와 따듬다 말고 쏘주 한 잔 혔
다 지랄 놈의 농사는 지면 뭣 하냐 그래도 자석들
한테 팥이랑 돈부, 깨, 콩, 고추 보내는 재미였는
디 너할코 종신서원이라니…그것은 하느님하고
갤혼하는 것이라는디…더 살기 팍팍해서 어째야
쓸란가 모르것다 너는 이 에미더러 보고자퍼도
꾹 전다라고 했는디 달구 똥마냥 니 생각 끈하다

복사꽃 저리 환하게 핀 것이
혼자 볼랑께 영 아깝다야

☞ 오천 년 동안 우리 민족의 삶의 중심 터전이요 추억의 진원지이기도 했던 농촌의 피폐한 실상은 이제 어제오늘의 일이 아니다. 조상 대대로 일궈온 땅을 버리고 다들 도시로 떠나간 그곳은 철 지난 제비집처럼 쓸쓸하다. 거기에는 그래서 철 지난 제비 같은 사람들만 모여 산다. 실제로 못 떠난 사람들만 모여 사는 농촌엘 가 보면 가장 젊은 사람의 나이가 70대를 넘어선 경우가 얼마나 허다하던가. 게다가 근래엔 우루과이라운드와 아이엠에프 한파까지 휩쓸고 가버려 농사는 생산비마저 건지기 힘든 형편으로 전락했다.

이지엽은 농촌(해남) 출신 시인답게 이러한 농촌의 피폐한 실상을 사설시조라는 그릇에 그렁그렁 넘치는 막걸리처럼 실감나게 담아낸다. 특히 대화체에 실린 걸죽하고 맛깔스런 전라도 사투리는 어두운 시적 분위기를 상쇄시키고 있을 뿐만 아니라 리얼리티를 살리는 데도 크게 기여하고 있다.

어머니가 딸에게 보내는 편지 형식을 빌린 넋두리나 다름없는 이 작품은 초장과 중장에서 어머니 혼자서 빈집을 지키며 살아가는 농촌 생활의 피폐함과 쓸쓸함 그리고 수녀가 되겠다는 딸에 대한 안타까움 같은 것이 진하게 배어 있다. 그러나 이러한 분위기를 일시에 반전시키는 종장의 처리가 인상적이다. 농촌의 어두운 분위기와는 아랑곳없이 "복사꽃 저리 환하게" 피었기 때문이다. 즉 인간사와는 상관없이 자연은 어김없이 그 질서를 되풀이하는 것이다. "혼자 볼랑께 영 아깝다"는 구절 속에는 보고 싶은 딸과 죽은 남편에 대한 그리움이 사무친다.

농업박물관 소식
― 분교에 봄 오다

이문재

트럭 짐칸에 오른다
졸업식 하러 본교 가는 길
열 살 넘어까지 오지에 살았다니
그것만으로도 눈물겹구나
앞산 뒷산 앞강물 뒷강물
꽃망울을 터뜨리려는지 한 움큼씩
더운 것들을 한데 모은다
세상 뿌옇다

낯설지만 동창생 되었구나
이름도 모르는 본교 아이들과 헤어져
먼 집으로 돌아가는 길
대처로 나갈 아이들은 주머니에서
미래를 꺼내 만지작거린다
올해엔 신입생이 없는 분교 운동장에
봄볕이 가득, 쫑알거린다

집으로 돌아가는 아이들
미래로 달음박질치려는 아이들을
다시 불러 중국집으로 들어간다
머리를 그릇에 박고 후루룩
짜장면 한 그릇을 후딱 비운다
너희들이 미래다

이 오지가 끝끝내 미래다

너희들은 곧 돌아오리라, 라고 말하려다가
고량주 한 병을 더 시키고 말았다

꽃들의 문을 활짝 열어놓고
봄이 봄 밖으로 돌아나가고 있었다

☞ 이문재 시인은 그의 시집 『마음의 오지』를 통해 이미 지난 시간인 과거의 일부를 미래로 설정함으로써 근원적인 삶의 형태를 꿈꾸고 있다. 아직 아무도 그러한 시간에 접근하고자 한 사람이 없었다는 점에서, 또 그것이 이문재 자신만의 구원의 방식이라는 점에서 그는 매우 특이하고도 중요한 시인이라 할 수 있다. 그러나 그것이 '지금 여기'에서 가능할 수 있는 것인가, 그나마 견디거나 지키기라도 할 수 있을 것인가라는 질문에 봉착할 때 그의 마음은 힘겹다. 그 힘겨움을 잘 알고 있는 그는 "겨우" 또는 간신히 말의 발걸음을 옮겨 놓는데, 그 뒤를 진한 안타까움과 쓸쓸함 같은 것들이 따라간다.

이문재 시인은 그의 시집 뒤에서 "내 시의 최근은 농업이다"라고 스스로 밝히고 있다. 그 농업은 그의 식으로 말하면 "오래된 미래"의 삶과 생산 형태가 존재하는 "낙원"으로서 직선이 아닌 "圓環"의 시간 안에 놓인다. 앞의 시는 그러한 바탕 위에서 그가 엮어내고 있는 연작시의 하나이다. (그는 시작 메모에서 김용택 시인이 근무하는 섬진강 어느 분교 아이들의 동시집 발문을 토대로 이 시를 썼다고 한다).

이 시는 간단히 말하면 꽃망울이 터지는 봄날에 어느 오지(오지는 낙원이고 미래다) 분교의 졸업식을 배경으로 선생님이 아이들에게 몇 마디 건네는 내용으로 되어 있다. 그런데 문제는 졸업한 아이들이 훌훌 분교를 떠나고, 오지 분교는 텅텅 비게 되며, 선생님은 쓸쓸히 남아 지키게 되는데, 봄은 만화방창 찾아오는 이 안타까운 구도 속에 있다. 선생님은 "열 살 넘어까지 오지에" 살아준 아이들이 눈물겨운데, 아이들은 집으로, 미래(여기에서 미래는 자본과 문명 세계의 다른 이름임)로 달음박질치려고 한다. 그는 그런 아이들을 다시 불러 중국집에서 짜장면을 사주며, "너희들이 미래다/이 오지가 끝끝내 미래다/너희들은 곧 돌아오리라,"라고 도대체 알 수 없는 말을 건네려 한다. 그러나 그의 말을 ","가 가로막는다. 이 숨표 하나는 숨막힘의 표시이며, 직감이나 예언의 불확실성을 뜻하는 징표로 읽힌다. 그 생선가시 같은 ","을 고량주가 대신 받아넘긴다. 설령 그가 말을 했다고 한들 우주인이나 원시인쯤이 아니고서야 아이들이 이해할 리 만무했을 것이다. 이 형언할 수 없는 쓸쓸함을 외면한 채 봄은 "봄 밖으로" 돌아나가버린다. 애잔한 슬픔이 이 오지 분교에 그렁그렁 맺혀 꽃망울로 터지는 듯하다.

비

이재무

해종일 욕설 쏟아져 내린다
어머니 생전에 내게 퍼붓던 욕
급살맞을 놈, 호랭이 물려가 뒈질 놈,
환장할 놈, 가랑이 찢어 죽일 놈, 염병할 놈
죽은 연년생 동생과 함께 밥보다 많이 먹은 욕
쏟아져 내려 먼지 푸석이는 생이 젖는다
그리운 얼굴들 쏟아져내린다
나를 키운 건 팔 할이 욕설이었다
병을 앓으며 생각의 키가 자랐고
집과 멀어질수록 마음의 뜰 넓어졌다
거리에 분주한 바지氏 치마氏들아
귀 열어 욕설 담아 보아라,
모처럼 정겹지 않느냐,
줄기차게 쏟아져 내리는 살뜰한 것들이여,
떠나서는 돌아오지 않는 간절한 것들이여,
불쑥 찾아와 얼룩의 생 닦아내는 지혜의 물결레여,
줄기차게 잔소리 쏟아져 내린다
살가운 추억, 떠나버린 애인들
오후 강의도 작파해버리고
에라, 욕에나 젖어 비에 젖어 술에나
젖어 사랑에 젖어

☞ 비는 사람을 혼자 있게 한다. 생각의 고리를 끊고 독방에 갇히게 한다. 지상에 부유하는 모든 것들을 낮은 곳으로 불러 앉힌다. 머리를 쓰다듬으며 고개 숙이게 한다. 오래도록 침잠하게 한다. 후두둑, 빗방울은 지나간 모든 기억을 일깨운다. 사무치도록 그리워하게 한다. 흐렁흐렁 젖게 한다. 빗속에는 부드러운 손길로 자식의 몸과 마음을 씻겨주는 어머니가 있다.

이재무의 시 「비」는 욕설의 카타르시스를 가르쳐준다. 몰인정하게 귀를 닫고 돌아선 우리의 등짝을 사정없이 후려친다. 사람의 냄새를 잃어버린 우리에게 살가운 것이 무엇인지, 인간다운 것이 무엇인지, 추억이 무엇인지를 되묻게 한다. 거침없는 욕설로 다가와 단숨에 우리들 마음의 장벽을 허물어뜨리며 대뜸 친구가 되자고 손 내민다.

시인은 줄기차게 쏟아져 내리는 비를 바라보며 불현듯 어머니의 욕설을 떠올린다. 시각적인 빗줄기가 청각적인 욕설로 들리는 것은 어린 시절의 강렬한 기억이 내재하기 때문이다. 그것은 어머니의 오지게 걸판진 욕설이다. 그러나 지금은 사라져 어디에서도 찾을 길이 없는 살갑고 그리운 어머니의 욕설이다. 가난한 농촌에서 밥보다 더 많이 얻어먹었던 맛있는 욕설이다. 요즘 아이들은 도저히 얻어먹을 수 없는 욕설이다. 그래서 시인은 "나를 키운 건 팔할이 욕설이었다"고 고백한다. 그리하여 어머니의 욕을 얻어먹고 자란 시인은 더 넓은 세상으로 가출을 하고, 옛 기억을 잊어버린 채 여기저기를 떠돌며 유목의 삶을 살아가고 있다. 그런 그에게 어머니의 욕설과 잔소리를 되돌려준 게 바로 비다. "살가운 추억, 떠나버린 애인들"을 못 견디게 그리워하도록 만든 것이 바로 비다. 그래서 그는 중요한 생업인 "오후 강의도 작파해버리고/에라, 욕에나 젖어 비에 젖어 술에나/젖어 사랑에 젖어"버리는 것이다. 다시 말하자면 일탈을 하면서까지 인간적인 정에 흠뻑 젖고 싶은 것이다. 시를 읽고 나니, 어디서 이재무 시인의 거침없는 욕설이 들려오는 듯하다.

나쁜 사랑

고재종

해일인지에 박살이 난 바닷가 공중전화는
그 앙상한 형해만을 드러낸 채
먼 데 그리운 너에게로
더 이상 갈매기 울음소리를 보내지 못한다

금결은결 수많은 세월의 편린들을 일구면서도
머리 위로 날치 떼 날아오르게 하는
시간 너머의 환희를 전하지 못한다

아랫도리 추스를 힘도 없어
가랑이 쫙 벌린 채 널브러진 장흥집 여자의
시커먼 음모 속 같은 단절과
해마다 반복되는 적조로 인해
날마다 떠오르는 배 뒤집힌 고기 떼 같은
어민 후계자의 체념과 부패

이곳에서 사람들은 침묵하고
저 혼자 發光하는 저 바다의 發狂은
내가 네게 결코 전해질 수 없는 마음들의
빛 아닌 영원한 어둠
해일인지 발길질인지에 박살난 공중전화는
더 이상 네게 파도 소리를 전하지 못할 때

나는 아무것도 할 수 없다
나는 아무것도 모른다 이해받지 못한다
그리고 이 모든 불행은
나를 특별히 불행하게 만들지도 못한다

☞ 고재종의 시가 아프다. 고재종의 시가 어둡고 쓸쓸하다. 이 만화방창한 봄날에 환호작약, 온갖 생명들의 눈부신 숨결을 들려주던 고재종의 시가 침묵하고 있다. 그저 침묵의 그림자를 노래하고 있다. 이러한 기색의 시작은 그의 일곱 번째 시집 『쪽빛 문장』에서부터이다. 이는 시적 변화의 징후로 감지된다. 오랫동안 외출해 있던 자아가 서서히 내면의 집으로 돌아오고 있는 것이다. 내면의 집은 텅 비어 있어서 격조했던 스스로에게도 낯설다. 거기에 그는 반듯이 누워 자신이나 자신의 그림자를 들여다보고 있다. 그 그림자엔 불가피하게 적막이나 고독, 고통 같은 것들이 따라붙고 있다. 그러나 그가 내면의 집으로 돌아와 완전히 문고리를 걸어 잠근 것은 아닌 듯하다. 돌아와서도 여전히 밖의 풍경에 눈길을 주거나 안으로 불러들이기도 한다. 하지만 서서히 유리창 커튼이 내려지고 있다. 밖의 풍경이 더 이상 관심의 대상이 되지 못하기 때문이다.

「나쁜 사랑」은 그러한 고재종의 시적 현재 혹은 현재의 내면 풍경을 보여주고 있다. 풍경 속에는 "형해", "단절", "체념", "부패", "發狂", "어둠", "불행" 같은 명사나, "박살난", "뒤집힌" 같은 동사들, "못한다", "할 수 없다" 같은 부정적 표현들이 널브러져 있다. 한마디로 폐허 지경이다. 이런 부정어들과 어쩔 수 없이 동거하고 있으니 그 사랑이 제목처럼 "나쁜 사랑"일 수밖에 없다. 그런데 문제는 불행이라고 이름할 수 있는 그 나쁜 사랑이 "나를 특별히 불행하게 만들지도 못한다"는 고백이다. 그러므로 그것은 참으로 어정쩡한, 그러니까 고통스러운 일이 된다. 하지만 고재종은 적어도 그것이 나쁘다는 것을 자인하고 있다. 자인한 이상 그 상태를 지속할 수는 없는 일이다. "發狂"이 "發光"의 원천이었다면 구태여 버릴 필요도 없을 것이다. 신생은 폐허 위에서만 진정으로 "發光"할 것이다.

둥근 어머니의 두레밥상

정일근

　　모난 밥상을 볼 때마다 어머니의 두레밥상이 그립다.
　　고향 하늘에 떠오르는 한가위 보름달처럼
　　달이 뜨면 피어나는 달맞이꽃처럼
　　어머니의 두레밥상은 어머니가 피우시는 사랑의 꽃밭.
　　내 꽃밭에 앉은 사람 누군들 귀하지 않겠느냐,
　　식구들 모이는 날이면 어머니가 펼치시던 두레밥상.
　　둥글게 둥글게 제비새끼처럼 앉아
　　어린 시절로 돌아간 듯 밥숟가락 높이 들고
　　골고루 나눠주시는 고기반찬 착하게 받아먹고 싶다.
　　세상의 밥상은 이전투구의 아수라장
　　한 끼 밥을 차지하기 위해
　　혹은 그 밥그릇을 지키기 위해, 우리는
　　이미 날카로운 발톱을 가진 짐승으로 변해버렸다.
　　밥상에서 밀리면 벼랑으로 밀리는 정글의 법칙 속에서
　　나는 오랫동안 하이에나처럼 떠돌았다.
　　짐승처럼 썩은 고기를 먹기도 하고, 내가 살기 위해

남의 밥상을 엎어버렸을 때도 있었다.
이제는 돌아가 어머니의 둥근 두레밥상에 앉고 싶다.
어머니에게 두레는 모두를 귀히 여기는 사랑
귀히 여기는 것이 진정한 나눔이라 가르치는
어머니의 두레밥상에 지지배배 즐거운 제비새끼로 앉아
어머니의 사랑 두레 먹고 싶다.

☞ '두레'는 농사일을 공동으로 하기 위한 협력조직이요, '두레 밥상'은 여럿이 둥글게 모여 먹는 밥상을 일컫는 말이다. 따라서 이 시는 제목에서부터 지금은 사라진 저 농경사회의 아득한 추억이 징소리처럼 은은한 파장을 일으키면서 우리 가슴속으로 번져온다. 감동이 없는 시대에 필자가 여전히 이 시를 통해 깊은 울림을 받는 것은 다음과 같은 이유에서이다.

첫째, 오래된 것의 가치를 일깨워주기 때문이다. 주지하다시피 우리는 간직해야 할 소중한 덕목들을 잃어버린 채 문명의 아수라장 속에서 치열한 생존경쟁의 삶을 살고 있다. 새로움이라는 미명 아래 오래된 것들의 가치를 헌신짝 버리듯 내팽개치고 있다. 그러나 낡고 오래됐다고 해서 무조건 무가치한 것은 결코 아니다. 오히려 과거를 통해 현재를 들여다보아야 할 일들이 얼마나 많은가. 이 시는 "모난 밥상"과 "둥근 두레 밥상"과의 대비를 통해 여전히 우리가 회복해야 할 아름답고 따뜻한 공동체 세상을 열망한다.

둘째, 서정시로서의 진정성을 확보하고 있기 때문이다. 작금의 우리 시단은 도대체 알아들을 수 없는 난해성으로 무장한 해체시 혹은 실험시들이 판치고 있다. 물론 이들의 필요성을 모르는 것은 아니다. 하지만 가뜩이나 시를 읽지 않는 시대에 독자들을 무시한 채 기교와 요설에만 탐닉하는 시들의 진정성은 어디에 있는지 묻고 싶다. 이 시는 "두레밥상"-"어머니"-"보름달" 등의 이미지와 적절한 비유를 통해 "둥근" 것들의 세상을 탁월하게 형상화하고 있다. 또한 유성음(ㄹ, ㄴ, ㅁ, ㅇ)을 지닌 시어들을 최대한 배치함으로써 서정시의 근간인 음악성을 한껏 드높임은 물론 커다란 울림을 주고 있다.

모름지기 시는 구원의 양식이어야 한다. 각박하고 살기 힘든 시대일수록 가만가만 어깨를 두드려주는 따뜻한 위안의 시가 필요하다. 시인은 현재에만 연연할 게 아니라 오래된 미래를 살아야 한다. 필자도 어머니의 둥근 두레밥상에 앉고 싶다. 오래된 미래를 살고 싶다.

간통

문인수

이녁의 허리가 갈수록 부실했다. 소문의 꼬리는 길었다. 검은 윤기가 흘렀다. 선무당네는 삼단 같은 머리채를 곱게 빗어 쪽지고 동백기름을 바르고 다녔다. 언제나 발끝 쪽으로 눈 내리깔고 다녔다. 어느 날 이녁은 또 샐 녘에사 들어왔다. 입은 채로 떨어지더니 코를 골았다. 소리 죽여 일어나 밖으로 나가 봤다. 댓돌 위엔 검정 고무신이 아무렇게나 엎어졌고, 달빛에 달빛가루 같은 흰 내의 모래가 흥건히 쏟아져 있었다. 내친김에 허둥지둥 선무당네로 달려갔다. 방울음산 꼭대기에 걸린 달도 허둥지둥 따라왔다. 해묵은 싸릿대 삽짝을 지긋이 밀었다. 두어 번 낮게 요령 소리가 났다. 뛰는 가슴 쓸어내리며 마당으로 들어섰다. 댓돌 위엔 반듯이 누운 옥색 고무신, 고무신 속을 들여다봤다. 아니나 다를까 달빛에, 달빛가루 같은 흰 내의 모래가 오지게도 들었구나. 내 서방을 다 마셨구나. 남의 농사 망칠 년이! 방문 벌컥 열고 년의 머리끄댕이를 잡아챘다. 동네방네 몰고 다녔다. 소문의 꼬리가 잡혔다. 한 줌 달빛이었다.

☞ 지금은 사라진 토속적 샤머니즘과 원초적 리비도가 물씬 풍기는 시다. 혹자는 이 4차산업 시대에 아직도 1차산업 시대에나 있었던 케케묵은 이야기를 하는 것이 도대체 무슨 의미가 있냐고 할 것이다. 흘러간 유행가쯤으로나 생각할 것이다. 그러나 퓨전 음식이 판치는 세상에서 여전히 전통 한정식의 맛과 멋을 인정하려는 사람들이 있는 것처럼 최첨단 랩음악에 맞서 여전히 유행가를 선호하는 사람들도 있는 법이다. 무조건 새로운 것만 가치가 있다면 과거를 통해 배울 점이 무엇이 있겠는가. '지금 여기'라는 현재의 시간은 과거가 공존하는 시간이며,

미래라는 미지의 시간을 향해 열려 있는 시간이다. 노르베르 호지의 『오래된 미래』가 가리키는 시간은 무엇을 말하는가. 진정성은 차치한 채 무조건 새로움이나 실험성을 선호하는 요즘 우리 시의 경향을 염려해서 하는 말이다.

이 시는 "이녁"과 "선무당네"의 간통 서사를 통해 1차산업이 지배하던 아득한 시절로 우리를 안내한다. 그 시절 남녀 간의 연애를 주관하는 원형적 매개는 달,

그것도 휘황한 보름달이다. 캄캄한 밤에 "이녁"을 "선무당네" 집까지 안내한 것은 "달빛"이다. 그래서 증거가 되는 모래도 그냥 모래가 아니라 "달빛가루 같은 흰 내의 모래"가 되는 것이다. 결국 이 모든 간통 사건을 유발한 것도 "달빛"이고, "소문의 꼬리"도 다름 아닌 "한 줌 달빛"인 것이다. 그러나 오늘날도 달빛 아래에서 연애하는 남녀가 있을까. 달밤이면 죄없이 밀밭이나 보리밭이 쓰러지던 자리에 인공모텔이 들어서서 달빛 대신에 간판의 불빛을 흘리고 있는 모습이 슬플 뿐이다.

여여하였다

양문규

지난겨울 천태산은 눈보라 치는 절벽에서도 여여하였다

천태산 산방 주인 잃고 구들장 내려앉아도 여여하였다

키 큰 미루나무 싸늘히 식은 가지들 매달고도 여여하였다

까치집 흔들어놓는 세찬 바람소리에도 여여하였다

언덕 위 날망집 늙은 과부 찬물에 홀로 밥 짓고 빨래하면서도 여여하였다

천 년 은행나무 폭설 속에 잔가지 뚝뚝 내려놓고도 여여하였다

옆 감나무 꼭대기 얼어 터진 홍시 쭈그렁 살 내리고도 여여하였다

감나무 지나 깔딱고개 가시철망 둘러쳐져 고라니 넘나들지 않아도 여여하였다

빙판길 숨 고르며 오르는 사람 발자국 하나 없어도 여여하였다

염불하는 젊은 중 빤질빤질한 이마빼기도 여여하였다

☞ 양문규 시인은 1999년 불혹의 나이에 서울살이를 청산하고 낙향하였다. 그리하여 천태산 자락에 '여여산방(如如山房)'이라는 작은 토담집을 마련하고, 수령 천년이 넘은 영국사 앞 은행나무를 부처님처럼 모시며 매년 시제(詩祭)와 시화전을 열고 작품집도 발간하는 등 자연과 함께하는 삶을 실천해왔다. 그러나 근래에 안타깝게도 탐욕스런 영국사 주지와 갈등을 빚어 2015년 인근 삼봉산으로 거처를 옮기는 아픔을 겪기도 했다.

그가 산방 이름을 '여여'라고 붙인 것은 "모든 것을 비우고 천태산의 자연에 순응하며 살아가겠다"는 다짐 때문이다. '여여(如如)'란 산크리스트어 타타타(tatata)를 의역한 것으로 '있는 그대로의 진실한 모습'을 뜻한다. 그는 여여산방에서 자연과 인간이 꾸밈없이 하나가 되는 세계, 즉 있는 그대로의 여여한 삶을 꿈꾸었다. 이제 그는 원래의 자리로 복귀할 것을 염원하고 있는데, 위의 시는 변함없이 그 굳건한 의지를 보여주고 있다.

그 많던 귀신들은 다 어디로 갔을까

곽효환

섬섬한 별들만이 지키는 밤
사랑채에서 마당 건너 뒷간까지는
수많은 귀신들이 첩첩이 에워싸고 있었다
깊은 밤 혹여 잠에서 깨기라도 하면
새까만 어둠 속에 득실거리는
더 새까만 귀신들 때문에
창호지를 바른 덧문을 차마 열고 나갈 수 없었다
대청 들보 위에는 성주신 부엌에는 조왕신 변소에는
측간신 그리고 담장 밖에는 외눈 부릅뜬 외발 달린
도깨비들……
숨죽이며 가득 찬 오줌보를 움켜쥐고 참던 나는
발을 동동 구르다 끝내 울음을 터뜨려
잠든 할아버지를 깨우곤 했다
문틀 위에는 문신이 파수를 서고, 지붕 위에서는
바래기기와귀신이 망을 보고, 어스름밤 골목에서는
달걀귀신이 아이들의 귀갓길을 쫓고, 뒷산 묘지에는

소복 입은 처녀귀신이, 더 먼 산에는 꼬리 아홉 달린
여우가 사람으로 둔갑한다는……
우리가 사는 곳 가는 곳 어디에나 드글거리던
깜깜했으나 해맑게 흥성대던 그때
그 많던 귀신들은 다 어디로 갔을까
(…)

☞ 만물에 정령이 깃들어 있다고 믿었던 시절이 있었다. 이 첨단문명의 시대에 무슨 귀신 씨나락 까먹은 범신론(animism) 이야기냐고 할지 모르겠지만 그리 오래되지 않았다. 1960~1970년대에 어린 시절을 시골에서 보냈던 사람들이라면 다들 공유했던 이야기다. 필자도 마찬가지다. 그러나 이제 그 흔한 "귀신"이나 "도깨비" 이야기는 동화책에서나 읽을 수 있을 뿐 아득한 시절의 허황한 옛이야기가 되어버렸다. 자연을 대상으로 생성되던 전설이나 설화도 명맥이 끊겼다. 〈전설의 고향〉이라는 TV 프로그램마저 사라지고 날마다 매스컴을 통해 들려오는 건 폭력적이고 비정한 인간들 이야기뿐이다.

필자가 지금도 생생하게 기억하는 이야기가 하나 있다. 우리 마을 사람들은 여시와 부엉이를 저승사자로 여겼다. 뒷산 여시와 사장나무 부엉이가 번갈아 우는 밤이면 다음 날 아침 반드시 어느 집 누군가가 죽었다는 소식이 들려왔다. 그러나 그 여시와 부엉이도 대낮처럼 환한 전깃불을 피해 먼 산골짝으로 쫓겨갔는지 전혀 울지 않는다고 한다. 빈집들이 즐비한 을씨년스런 마을엔 간간이 개 짖는 소리와 밤 고양이 울음소리가 들려올 뿐이다.

필자는 곽효환 시인처럼 시골에서 태어나 숱한 귀신들을 만나고 이야기하며 살아온 세대라는 사실에 감사한다. 아무리 과학이 발달한 시대라고 해서 범신론을 한갓 미신으로 폐기처분해서는 안 된다. 아폴로 11호가 달을 탐사한 이래 달에는 계수나무 아래 옥토끼가 떡방아를 찧고 있다는 이야기가 거짓말이 되어버린 것처럼 말이다. 과학 문명의 발달을 칭송한 만큼 우리는 달에 대한 무한한 꿈을 잃어버렸다. 그래서 원시의 귀신들이 그리운 필자는 여전히 범신론자다. 아, 앞으로 누가 있어 저 귀신 이야기를 들려줄 것인가.

부처 먹다

김선우

강원도 산간에 비탈밭 많지요
비탈에 몸 붙인 어미 아비 많지요

땅에 바싹 몸 붙여야 겨우 먹고 살 수 있는 목숨이라는 듯
겨우 먹고 살 만한
'겨우' 속에
사람의 하늘이랄지 뜨먹하게 오는 무슨 꼭두서니빛 광야 같은 거랑도 정분날 일 있다는 듯

그럭저럭 조그만 땅 부쳐 먹고 산다는―
부쳐 먹는다는 말, 좋아진 저녁에
번철에 기름 둘러 부침개 바싹 부치고
술상 붙여 그대를 부를래요
무릎 붙이고 발가락 붙이고 황토빛 진동하는 살내음에 심장을 바싹 붙여

내 살을 발라 그대를 공양하듯
바싹 몸 붙여 그대를 부쳐 먹을래요

☞ 우리말의 동사 중에 '붙이다'와 '부치다'가 있다. 전자의 용례로 '몸을 붙이다', '풀로 우표를 붙이다'를, 후자의 용례로는 '파전을 부치다', '편지를 부치다' 같은 경우를 들 수 있을 것이다. 또한 전자는 '의지하다', '기대다', '가까이하다', '한통속이 되다' 등으로, 후자는 '보내다', '튀기다' 같은 말로 대신할 수 있다. 이 시의 제목인 '부쳐 먹다'는 외형상 후자의 '부쳐'에 '먹다'(혹은 '살다')라는 동사를 붙인 합성어이다. 그러나 시 속에서는 '붙이다'와 '부치다'의 뜻을 동시에 껴안고 있는 말로 보인다.

시인은 "부쳐 먹는다는 말, 좋아진 저녁에"라는 말의 다양한 의미에 대한 상상을 펼치고 있다. 처음(1·2연)의 땅과 사람에서 나중(3·4연)의 나와 그대에로의 변주가 그것이다. 그러므로 처음엔 전체적인 삶의 고난과 역사가, 나중엔 개인적인 삶의 의지와 소망이 깃들어 있다. 강원도 산간 "비탈에 몸 붙인 어미 아비"들은 "땅에 바싹 몸 붙여 겨우 먹고 살"아왔고, 또 살고 있다. 그래서 이 "겨우"(간신히)라는 말은 "비탈"과 밀착된 말이며, 가난과 고난, 힘겨움 같은 말을 끌어안고 있다. 그러나 이 "겨우" 속에 "하늘"과 "광야"가 있으니, 비탈밭에 몸 붙이는 일은 사람과 하늘과 땅이 서로 교통하고 합일하는 일이 아니고 무엇인가. 그래서 필자는 '부쳐'가 '부처(부처님)'로도 보인다.

그리하여 시적 화자인 나도 "부침개 바싹 부치고", "술상 붙여" 그대를 부른 다음, "무릎 붙이고", "발가락 붙이고", "심장을 바싹 붙여" 뜨겁게 한몸(합궁)이 되고자 한다. 여기서 "그대"는 외형상 연인으로 보이지만 내가 소망하고 그리워하고 도달하고자 하는 삶의 목표나 대상이라고 보아도 좋다. 이를테면 시인이 연애의 대상으로 생각하는 시라고 해도 좋을 것이다. 마지막 구절인 "부쳐 먹을래요"는 에로틱한 분위기가 강한 표현이다(참고로 전라도에선 이 말 대신 '붙어먹다'를 쓴다). 그리고 후반부는 왠지 모르게 황진이의 저 유명한 시조 "동지ㅅ달 기나긴 밤을 한 허리를 버혀내어/춘풍 니불 아래 서리서리 너헛다가/어른 님 오신 날 밤이여든 구뷔구뷔 펴리라"를 연상케 하는 맛이 있다.

꽃들은 상처자국에서 핀다

배용제

뿌리 잘린 것들의 밑바닥엔 모두 상처가 있지
조팝나무 가지가 꽂힌 그릇의 물을 갈아주며 그가 중얼거린다
봄빛을 따라간 산책길에서
주워 온 꺾인 가지 몇,
시퍼런 눈조차 뜨지 못했던 것들 어느새
새하얀 연고 같은 꽃들을 매달고 있다
무슨 보물인 양 여기는 그의 우스꽝스런 몸짓을 보면서
고아원 양지바른 곳에서
여린 가지를 뻗고 자라온 그가
남매를 두고서도 또 다른 아이를 원하는 집착에 대해
생각해 본다, 여지껏 삼켰을 눈물에 대해
어쩐지 그의 웃음에서도 물 흐르는 소리가 들리는 듯하다
눈물이 싱싱해질수록 더욱더 선명한
조팝나무 저 꽃들,
바람에 날려 온 봄빛의 부스러기일지도 몰라
상처를 딛고 악착같이 반짝이는 딱지 같은 꽃들을
무슨 별인 양 바라보는
그의 양팔에 아이들이 매달린다

어떻게 이것들이 내게서 생겨났는지
햇살과 공기와 구름과 모든 계절들에게 경의를 표한다고
그러나 꽃들이 제 몸을 벗어나기 전까지
그것들이 단단한 씨앗을 품을 때까지
아직은 잘린 상처로 눈물을 삼키며 허공을 움켜쥔
조팝나무 가지의 아슬아슬한 터전, 그의 봄날.

☞ 이 시는 제목이 시사하는 바처럼 상처의 시다. 상처의 꽃이 서사의 풍경으로 꽂혀 있다. 하나의 상처가 또 다른 상처를 등에 업고 있다. 상처의 설상가상이다. 설상가상의 상처는 아프고 춥고 시린 것이지만, 그럼에도 불구하고 그 풍경은 을씨년스럽지 않고 밝고 따스하다. 풍경이 밝고 따스한 것은 "봄날", "봄빛", "꽃" 등의 시어들이 시적 배경으로 깔려 있어서겠지만, 이미 상처를 입은 자가 같은 상처를 껴안고 핥아주는 동병상련의 서사 자체가 너무나도 인간적인 감동으로 다가오기 때문이다. 그러면서도 오히려 행복해하는 그 표정이 매우 아름답게 읽히기 때문이다. 그것은 상처 때문에 몸부림치는 모습이라기보다 그것을 넘어서기 위한 실천적 모습이거나 이미 넘어서서 화해나 승화의 단계로 나아가는 모습에 가깝다고 할 수 있다.

이 시 속에는 외형상 3명의 인물이 나온다. "그"와 "남매"가 그들이다. 이들은 모두가 고아 출신이며, 부모와 자식 관계로서 한 가족을 형성하고 있다. 좀 더 구체적으로 설명하면, 원래 고아 출신인 "그"가 어른

이 돼서 또 다른 고아들인 어린 "남매"를 자식으로 맞아들여 기르는 형국이다. 이 서사적 풍경 속에서 중심이 되는 인물은 단연 "그"이다. 그러나 "그"에 대한 정보는 "고아원" 출신이라는 점 외에는 구체적으로 드러나 있지 않다. 다만 문맥상으로 볼 때 성인 남성이라는 점(그럼에도 불구하고 이미지는 여성적이어서 모성을 띤 아버지를 연상시킨다), 아내에 대한 언급이 없는 것으로 보아 결혼을 하지 않았다는 점(결혼을 하지 않았다기보다 결혼을 못한 홀아비라는 표현이 보다 정확할 것 같다), 지금껏 어렵게 살아왔을 것이고 그래서 넉넉지 못한 살림을 꾸리고 있다는 점 등만 짐작될 뿐이다. 그리고 진술보다 묘사가 주류를 이루는 이 시의 화자 역시 전면에 드러나 있지 않다. 이는 최대한 주관적인 감정을 배제하고 객관적인 묘사를 보여주자는 의도로 비치지만, 그럼에도 불구하고 이 서사적 풍경을 관찰하고 묘사하는 화자의 시선은 촉촉하게 젖어 있다. 하긴 마음이 움직이지 않았다면 이 시 자체를 쓰지 않았을 터이다. 그런 면에서 이 시만을 놓고 볼 때 배용제 시인의 시적 관심사가 소외된 혹은 상처 입은 삶에 가닿아 있다고 할 수 있다.

투계

고성만

맨드라미가
머리를 쭉 뻗었다가
푸드득 도약하여
칸나의 대가리를 찍는다
살점이 떨어져나간다
우수수 날리는 깃털
피가 튄다
야산에
깊게 팬 자동차 바퀴
신발 흙 질컥거리며
환호성 지르는 사람들
마스카라 지워진 노을이
저녁 꽃을 줍는다

☞ 기발한 발상을 드러내거나, 탁월한 표현력을 보여주거나, 완벽한 구조가 지니는 아름다움을 지닌 시들은 그것을 읽는 이들에게 신나는 감동을 준다.

고성만 시인의 「투계」는 작품이 지닌 발상의 탁월함으로 우리를 즐겁게 만든다. 그가 그려내는 피 튀기는 장면은 살 떨리기는커녕 오히려 신나게만 느껴진다. 맨드라미와 칸나, 두 마리의 닭이 벌이는 싸움판이라니! 참으로 발칙한 발상이 아닌가? 맨드라미에게 찍힌 칸나의 대가리에서 떨어져 나간 살점들이, 사방으로 튀어 오른 피가 하늘을 물들이는 모습을 한번 떠올려 보라. 정지해 있는 대상을 순식간에 동적인 존재로 만들어버리는 동물성의 상상력은 시를 읽는 사람의 입가에 뭔지 모를 미소를 감돌게 한다. 어느 순간 하늘이 붉은 까닭을 알아차린 기분이라고나 할까?

시인의 눈길은 맨드라미와 칸나가 벌이는 싸움판의 광경에만 머물지 않는다. 피 튀기는, 신나는 풍경의 맞은편에는 "깊게 팬 자동차 바퀴/신발 흙 질컥거리며/환호성 지르는 사람들"이 있다. 역동적 이미지를 통해 새로 태어난 꽃들의 잔치에 초대받은 사람들은 지금 더할 나위 없이 흥겨운 순간을 만끽하는 중이리라.

그러나 그것 또한 끝이 아니다. 시인은 그것들과 함께 "저녁 꽃을 줍는", "마스카라 지워진 노을"을 보여주며, '꽃-사람-하늘'로 이어지는 삼중주를 통해 그만의 개성이 잘 묻어난 한 폭의 즐거운 풍경화를 우리에게 선사해주는 것이다.

탐진강·26
― 곡비哭婢 강

위선환

멀고 오랜, 강이다. 목까지 차오른, 강이다. 꿇었고, 엎드렸고, 엎드려서 우는, 강이다. 파묻으면서, 파묻히면서, 아직 묻히고 있는, 강이다. 저물었고, 어두워졌고, 더욱 어두워지며 흘러가서, 굽이를 돌아가는, 강이다. 이름 불러도 못 듣는 귀머거리, 강이다. 목 잠긴 저 곡비(哭婢), 강이다.

☞ 위선환의 연작시집 『탐진강』은 14년에 걸쳐 완성된 대하 서사시이다. 그에게 있어서 탐진강은 한마디로 "목 잠긴 저 곡비(哭婢), 강"이다. 곡비일 수밖에 없는 것은 무슨 부채처럼 가슴속에 드리운 강에 대한 무겁고, 어둡고, 쓰라린 기억들 때문이다. 그러므로 이 연작시는 그것들을 털어내기 위한 회한의 제의(祭儀)나 다름없다. 그리하여 "더는 그리워하지도 아프지도 않으리라"(「탐진강 11」)고 다짐하지만 강은 끝내 어둡고 아프다. 탐진강의 자식으로 세상의 바다를 떠돌았던 그는 일흔이 넘도록 차마 강의 젖꼭지를 떼어내지 못하고 있다.

이 연작시집은 "진종일 몸 안으로 물소리가 흘러서/뼈마디와 살 틈이 하얗게 씻기었다"(「탐진강 17」) 같은 섬뜩하게 아름다운 표현들을 동반하면서 탐진강과 한통속이 된다. 발원지 영암 궁성산 계곡에서 장흥읍을 거쳐 강진 구강포 하구에 이르기까지 강물과 함께 흘러간다. 강물과 함께 흐르면서 조약돌처럼 가라앉은 탐진강의 기억을 낱낱이 건져 올린다. 과거의 기억은 현재를 강에 정박시킨 채 철썩철썩 흐느낀다. 중간중간에 쉼표들을 박아놓은 문체는 끊어질 듯 이어짐을 반복하는 탐진강의 흐름을 닮았다. 그것은 저 곡비의 표상이다. 그래서 더욱 아프고, 아름답고, 절절하다.

킬러

박선우

조금이다
바다는 수척해지고
킬러는 휘휘 휘파람을 분다
똬리를 틀고 있던 고요가 스르륵 꼬리를 감춘다
킬러는 빠르게 목표물을 실사한다
경직된 구멍에선 예민한 숨소리 가파르다
타이밍을 조절한다
쫓기고 쫓는 숨 가쁜 액션은 10초면 끝이다
숨소리 다치지 않게
사뿐사뿐 깊숙이 부드럽게
흔적을 아는 데 10년이 걸렸고
기척을 습득하는 데 또 10년이 지났다
심장이 물때를 읽고 등허리는 태양의 기울기를 읽는다
나이는 얼굴과 함께 까맣게 그을렸고
손마디의 군살은 낙지를 잡을 때만 감각이 산다
눈을 감기 전 아버지는 손가락으로 바다의 광맥을 유언처럼 가리켰다
낙지의 신이 된 킬러
말갈기를 휘날리며 휘파람을 부는 황야의 무법자가 되어
허리엔 고무다라이를
손에는 삽을 들고

바다를 사정권 밖까지 사수한다
탕. 탕. 탕
저격당한 노을이 피투성이다

☞ 문학의 불모지일 것 같은 섬들의 고향 신안에 박선우 시인이 산다. 그녀의 나이는 고희에 이르렀으되, 그녀의 시는 젊은 시인들이 무색할 정도로 팽팽하게 살아 있다. 그녀의 몸은 성한 곳 하나 없지만, 시를 향한 그녀의 열정은 매우 뜨겁고 건강하다. 근자에 필자는 목포권에서 그녀만큼 수준 높은 시를 쓰는 시인을 발견하지 못했다. 선배 시인인 최하림이 세상을 떴지만, 박선우 시인이 있는 한 그 누구도 신안문학을 무시할 수 없을 것이다.

인용 시는 제9회 목포문학상 남도작가상 수상작이다. "킬러"(낙지잡이꾼)를 "황야의 무법자"로 연결시킨 발상이 신선하다. 낙지를 잡기 위해 "쫓기고 쫓는 숨 가쁜 액션"에 대한 긴장감이 펄펄 살아 있다. 나는 이 낙지잡이 킬러가 곧 시를 저격하는 박선우 시인 자신이라고 여긴다. 괜히 진정성도 없는 장광설을 늘어놓는 요즘 시들과는 차원이 다르다. 신안 출신답게 삶의 현장인 "바다"에서 시의 "광맥"을 찾아내는 시안도 날카롭고, 건강하고, 미덥다. 필자는 신안문학의 지킴이인 그녀가 앞으로도 바다와 섬을 배경으로 한 건강한 시들을 써주기를 바라마지않는다.

응

김수형

그리운 그대에게 굴러가는 마음들이
모서리를 지우고 거울 앞에 서 있다
굴렁쇠 굴러가다가 넘어지며 껴안는,
응

물길을 거슬러 날아오른 버들치처럼
한 번도 눈감지 않고 둥글게 혀를 말아
빈 몸을 네게 보이며 물의 말로 답하는,
응

젖살 오른 아기의 엉덩이에 힘을 주듯
서로 등 기댄 채 서 있는 그대와 나
신 새벽 수평선 밑에서 햇살 받은 너는,
응

☞ 이 시조의 발상은 '응'이라는 글자에서 비롯됐다. 여러분은 이 글자의 생김새를 자세히 들여다보라. 'ㅇ'이라는 유성자음의 가운데 음성모음 'ㅡ'가 가로놓여 있다. 시인은 우연히 이 글자를 들여다보다가 지금 현재 갈라서 있는 '나'와 '너'의 형상(이미지)을 발견했을 것이다. 다시 말하면 시인의 경험적 현실(기억)이 끼어든 것이다. 그러면서 이 불화와 대립처럼 보이는 '응'이라는 글자를 완전히 뒤집어서 긍정과 화해 쪽으로 의미를 바꾸어놓는다.

제1수에서 'ㅇ'은 굴러가는 "굴렁쇠"이고, 'ㅡ'는 "거울"이 된다. 둥근 'ㅇ'은 모난 "모서리"를 지운 형상이다. 평행으로 굴러가던 "굴렁쇠"가 서로의 자존심을 지워야 거울 앞에서 하나로 껴안을(포개질) 수 있다. 주지하다시피 거울은 반성과 성찰을 의미한다. 제2수는 'ㅇ'이 둥근 "혀"가 되고, 'ㅡ'은 평평한 "물의 말"이 된다. 날카로운 혀는 비수와 같다. 이 역시 둥글게 자존을 접어야 물처럼 평등의 길(부드러운 유성음 'ㅇ')로 나아간다. 물은 둘로 나뉠 수 없으니 곧 화해의 모색이다. 제3수에서 'ㅇ'은 아기의 "엉덩이"가 되고, 'ㅡ'은 "수평선"이 된다. 수평선 이쪽저쪽에서 "나"와 "그대"는 등을 기댄 채 서 있다. 그러나 곧 "햇살 받은 너"가 되길 꿈꾼다.

어떤가, '응'이라는 글자에다 서로 갈라선 부부나 연인의 화해와 긍정을 모색해가는 과정을 형상화한 것이 놀랍지 않은가. 이처럼 상상력은 부정의 세계를 긍정의 세계로 변화시키는 힘을 갖고 있다. 이른바 역발상이다.

시 읽기의 매혹 김선태 시평집

초판1쇄 찍은 날 | 2023년 11월 30일
초판1쇄 펴낸 날 | 2023년 12월 5일

지은이 | 김선태
펴낸이 | 송광룡
펴낸곳 | 문학들
등록 | 2005년 8월 24일 제 2005 1-2호
주소 | 61489 광주광역시 동구 천변우로 487(학동) 2층
전화 | 062-651-6968
팩스 | 062-651-9690
전자우편 | munhakdle@hanmail.net
블로그 | blog.naver.com/munhakdlesimmian
값 16,000원

ISBN 979-11-91277-83-8 03810

· 잘못된 책은 바꿔드립니다.
· 이 책 내용의 전부 또는 일부를 재사용하려면
  반드시 저작권자와 문학들의 동의를 받아야 합니다.